데이비드 드실바는 역사적 정보와 작가적 상상력을 잘 버무려서 주후 89년 9월 마지막 한 주 동안 에베소에서 일어난 일을 흥미진진하게 그려 낸다. 성경의 인물 트로피무스(드로비모)와 데메트리우스 같은 가상의 인물들이 함께 에베소 거리를 활보한다. 고대 도시 에베소의 상황과 요한계시록의 배경을 알고자 하는 독자들에게 이 책을 기쁘게 추천한다.
_**길성남** 고려신학대학원 신약학 교수

황제 숭배 제의 유치를 위한 소아시아 도시 사이의 경쟁 속에서, 8미터 높이의 도미티아누스 황제상 아래에서, 신격화된 황제를 찬양하는 연설이 사방에서 들리는 가운데서, 일절 타협 없이 그리스도 신앙을 지켜야 한다는 계시록의 메시지가 1세기 말 소아시아 거주민들에게 얼마나 엄중한 것이었는지 이 책의 독자는 깨닫게 된다. 요한계시록의 한 구절 한 구절이 눈앞에 생생하게 떠오르는 경험을 통해 독자는 자신과 세상을 다시 보게 될 것이다.
_**김선용** 신약학 독립 연구자, 번역가

데이비드 드실바가 로마 제국의 그늘 아래 살아가던 에베소 기독교인들의 일주일을 다룬 이 소설은 고대 세계를 두루 살피는 교육 여행일 뿐 아니라 손에 땀을 쥐게 하는 이야기이기도 하다. 계시록이라는 배경과 관련지어 보면, '뒤에 남겨질' 것을 근심하게 만드는 소설이 아니라 악한 제국의 권세라는 배경에서 어떻게 하면 신실한 기독교인으로 존재할지를 깊이 새기게 하는 소설이다. 나는 이 책을 손에서 놓을 수 없었다.
_**마이클 버드** 리들리 대학 학장, 신학 교수

이 책은 고대 로마 세계의 종교 의식과 일상 업무, 가문에 대한 충성심을 생생하게 보여 준다. 드실바는 기독교인이 하나님을 따르고, 돈이나 명예를 따르지 않을 때 끊임없이 경험하는 도전을, 1세기 에베소 사람들이 철저한 다신교 도시에서 자신의 믿음을 실천하는 (혹은 실천하지 않는) 모습에서 능숙하고 구체적으로 그린다. 드실바는 등장인물과 플롯과 역사적 정황을 한데 엮어서 독자를 이야기 속으로 끌어들인다. 초기 기독교인들의 일상 현실을 더 깊이 이해하고자 한다면 이 책을 읽어야 한다.
_**린 코힉** 덴버 신학교 학장, 신약학 교수

에베소는 고대 세계에서 기독교의 중심지였으며, 드실바는 우리에게 1세기 생활을 풍부한 상상력으로 재구성해 보라고 권한다. 드실바는 계시록에 대한 왕성한 연구 활동으로 이름을 떨치고 있다. 계시록은 바로 에베소와 그 지역 다른 도시에 있는 교회들이 받은 편지다. 드실바는 고대 자료들을 자신의 이야기에 섞어 짜고, 그 과정에 해설을 곁들여서, 이 허구의 이야기를 에베소의 고고학 유적과 연결한다. 복잡다단한 도시 상황에서 예수님의 제자가 맞닥뜨리는 딜레마를 들여다보고 싶다면 이 책이 좋은 자료가 될 것이다.
_크레이그 케스터 루터 신학교 신약학 교수

고대 도시 에베소로 이동할 준비를 하라! 드실바는 능숙한 글 솜씨로 자신이 재능 있는 이야기꾼이자 문화 역사학자임을 증명해 보인다. 이번 한 주를 에베소에서 보낸다면, 신약을 새로운 시선으로 읽게 될 것이다.
_조엘 그린 풀러 신학교 신약해석학 교수

학생들과 학자들은 이미 드실바의 여러 저작에 담긴 세세한 역사 기술, 세심한 문학적 분석, 상상력이 풍부한 글 솜씨, 신학적 깊이를 즐거이 맛보았다. 드실바의 저작은 소설에서 신학 개론에 이르기까지 다양하다. 이 책에서 드실바는 이러한 장점들을 합하여, 89년 9월의 중요한 어느 한 주에 그 고대 도시로 떠나는 흥미진진한 여행에 독자를 데리고 간다. 에베소에 살던 고대 기독교인들의 눈을 통해 그들의 심리와 관계의 복잡한 특징 일체를 생생하게 그려 냄으로써, 우리는 우상 숭배에 참여하라는 끊임없는 유혹을, 우상 숭배가 수반하는 상업적·정치적 함의와 함께 대면하게 된다.
_에디스 험프리 피츠버그 신학교 신약학 교수

드실바는 역사적 시간 여행을 훌륭하게 이용해서 주후 1세기 말 에베소에 있던 기독교 공동체를 구체적으로 그려 낸다. 신자들이 직면한 도전, 이를테면 그리스도 대(對) 카이사르, 경제 활동에 참여할 것인지 사회에서 소외될 것인지, 우상의 고기를 먹을 것인지 삼갈 것인지 하는 일들을 문헌과 비문을 통해 알려진 인물들의 삶을 이용해서 효과적으로 그려 낸다. 독자는 그리스도인들이 신생 소수 집단으로서 이 정치적, 상업적, 종교적인 대도시에서 살아가는 동안 하나님께 순종하려고 애쓰던 몸부림을 느낄 수 있다.
_마크 윌슨 터키 안탈리아 소재 소아시아 리서치 센터 소장

주후 89년에 에베소에서 기독교인이 된다는 것은 어떤 의미였을까? 그리스-로마의 신들과 신전, 시장과 김나지움이 있는 거대한 로마 제국에서의 생활이 제기한 도전에 기독교인들은 어떻게 대응했을까? 드실바는 이 이야기에서 우리가 예수를 믿는 이들의 세계로 들어가 그들의 분투와 기쁨, 도전과 소망을 보도록 도와준다. 우리는 다양한 기독교 집단이 각자 맞닥뜨린 압박에 어떻게 대응했는지를 보면서, 계시록을 더욱 깊이 이해하게 된다.
_**폴 트레빌코** 오타고 대학교 신약학 교수

신약학 과정의 한 가지 목표는 역사적 상상력을 성장시키는 것이다. 신앙과 종교를 사적인 영역으로 보는 데 익숙한 이들은 1세기 세상을 상상하기 힘든 경우가 많다. 1세기 세상에서는 종교가 정부 조직과, 도시와 제국의 공동의 안녕과 심하게 얽혀 있었기 때문이다. 드실바의 이야기는 기독교 초기 예수의 제자들이 동시대 사람들에게 사회 질서를 위협하는 존재로 취급받으면서 겪었을 실제적인 압박을 흥미진진하게 묘사한다. 신격화된 황제들을 포함해서 신들을 숭배하기를 거부하는 사람은 비난을 받고 돈 문제에서 손해를 입었으며 생명까지도 위태로웠다. 이 이야기를 읽으면서 나라면 어떻게 했을지 묻고 또 물었다.
_**홀리 비어스** 웨스트몬트 대학 종교학 부교수

드실바는 로마 제국의 도심, 권력이 막강한 로마의 종교 정치 기구에 대한 해박한 지식에서 이야기를 끌어내어 로마 시대 에베소의 세태를 생생하게 보여 준다. 독자들은 금세 에베소의 시장, 항구, 동네, 거대한 신전을 포함하는 에베소의 물질세계에 휘말려 들어가고, 에베소의 종교적 열의와 신앙심에도 빠져든다. 그리고 독자들은 바로 이 종교적 열의와 신앙심의 세계에서, 에베소 기독교인들이 창조주 하나님께 드리는 예배와 관련해서 세상과 타협하라며 받았을 엄청난 압박을 느끼게 된다. 드실바는 기독교 신앙의 이러한 위기를 계시록을 배경으로 삼아 창의적으로 묘사한다. 대단히 훌륭한 이 역사 소설은 1세기 도시에 살던 기독교인들과 특히 요한계시록 일곱 교회가 있던 세계를 학생들과 평신도들에게 소개하는 데 귀중한 자산이 될 것이다.
_**애덤 윈** 메리 하딘-베일러 대학교 기독교학 부교수

Originally published by InterVarsity Press as *A Week in the Life of Ephesus*
by David A. deSilva
ⓒ 2020 by David A. deSilva
Translated and printed by permission of InterVarsity Press
P.O. Box 1400, Downers Grove, IL 60515, USA
www.ivpress.com

License arranged through rMaeng2, Seoul, Republic of Korea

This Korean Edition ⓒ 2021 by Jireh Publishing Company,
Goyang-si, Gyeonggi-do, Republic of Korea.

이 한국어판의 저작권은 알맹2를 통하여 InterVarsity Press와 독점 계약한 이레서원에 있습니다. 신저작권법에 의하여 한국 내에서 보호받는 저작물이므로 무단 전재와 무단 복제를 금합니다.

에베소에서 보낸 일주일

에베소에서 보낸 일주일
A Week in the Life of Ephesus

데이비드 드실바 지음
이여진 옮김

초판 1쇄 발행	2021년 1월 25일
초판 2쇄 발행	2021년 3월 1일
발행처	도서출판 이레서원
발행인	문영이
출판신고	2005년 9월 13일 제2015-000099호
기획, 마케팅	김정태
편집	송혜숙, 오수현
총무	곽현자

경기도 고양시 일산동구 백석로71번길 46, 1층 1호
Tel. 02)402-3238, 406-3273 / Fax. 02)401-3387
E-mail: jireh@changjisa.com
Facebook: facebook.com/jirehpub

책값은 표지에 있습니다.

ISBN 978-89-7435-555-5 (04230)
ISBN 978-89-7435-554-8 (세트)

신저작권법에 의해 한국 내에서 보호받는 저작물이므로 저작권자의 서면 허락 없이 이 책의 어떠한 부분이라도 전자적인 혹은 기계적인 형태나 방법을 포함해서 그 어떤 형태로든 무단 전재하거나 무단 복제하는 것을 금합니다.

에베소에서 보낸 일주일

A Week in the Life of Ephesus

데이비드 드실바 지음
이여진 옮김

로마 제국의 핍박 속에서, 1세기 그리스도인은
요한계시록을 어떤 의미로 읽었을까?

이레서원

목차

머리말 11
등장인물 14

1. 새해: 카이사로스 1일, 10월 초하루 9일 전(9월 23일)   17
   신성한 아르테미스가 생일을 축하하다 17
   [로마 시대 악기] 23
   [로마의 아시아력(曆)] 31
   프리타네이온에서 열린 술잔치 38
   [네오코로스(Neōkoros) 직위] 42

2. 로마의 신앙, 로마의 평화: 카이사로스 2일, 10월 초하루 8일 전(9월 24일)   60
   세라피온의 타운하우스에서 60
   에베소 항구 70
   [티투스 플라비우스 제욱시스] 73
   [에베소의 유대인 공동체] 89
   시의 원로들이 모이다 99
   [셋째 말 탄 자와 도미티아누스 칙령] 106
   [황제 숭배 직원들] 112

3. 신들의 그늘: 카이사로스 3일, 10월 초하루 7일 전(9월 25일)   117
   에베소 소재 아시아의 황제 공동 신전 117
   [시민의 자랑과 황제 숭배] 124
   바실리카 스토아의 그늘에서 134
   상인들 거처에서 142
   [로마 제국의 경제에 관한 아일리우스 아리스티데스의 생각] 150

4. 주의 날: 카이사로스 4일, 10월 초하루 6일 전(9월 26일)　　　　　157
　　아침 기도 157
　　　[주후 1세기 전환기의 기독교 예배] 160
　　대극장에서 163
　　　[네아폴리스 경기에서 행한 황제 숭배] 166
　　아민타스네 모임 174
　　　[에베소에 있던 기독교의 다양성] 177

5. 믿음의 시련: 카이사로스 5일, 10월 초하루 5일 전(9월 27일)　　　194
　　세라피온의 타운하우스에서 194
　　김나지움에서 199
　　프로코루스가 찾아오다 212
　　　[요한을 밧모섬에 유배하다] 217

6. 결단의 날: 카이사로스 6일, 10월 초하루 4일 전(9월 28일)　　　　222
　　위에서 내려다본 풍경 222
　　　[도미티아누스의 인기 약화와 에베소의 플라비아누스 신전] 225
　　의회실에서 231
　　　[유대세(fiscus Iudaicus)와 "사탄의 회당"] 234

7. 그 이튿날: 카이사로스 7일, 10월 초하루 3일 전(9월 29일)　　　　243
　　여느 때와 같이 243
　　훼손된 친절 253

더 읽을 거리 257

✚✚

애슐랜드 신학교 재임 기간에 다방면으로
지원과 지지를 보내 준 동료들인, 데이비드 베이커, 존 바이런,
브렌다 콜린, 윈디 로이슐링, 대니얼 호크, 마이클 로이슐링,
데일 스토퍼, 조앤 포드 왓슨에게

✚✚

머리말

 이 책은 에베소라는 도시의 삶의 파편 몇 개를, 특히 몇몇 가족들과 관련 인물들이 주후 89년 9월 마지막 주간에 경험한 일로 상상하여 재구성해서 보여 줍니다. 제가 그 주간을 선택한 이유는 이야기가 전개되면서 점차 분명해질 것입니다. 이 시리즈에서 앞서 나온 책들처럼, 이 책에서도 신약의 대상 독자였거나 신약의 소재인 사람들이 살아가던 일상 세계를 들여다보는 창문을 열고자 합니다. 그 사람들이 겪거나 마주친 근심과 관심, 기회와 분투 속으로 현대의 독자를 초대하려는 것입니다.
 이 시리즈에서 이 특별한 책은 요한계시록을 읽는 것과 관련 있습니다. 오래전부터 제가 추측한 바에 따르면, 기독교인 대다수는 요한계시록의 배경인 세계와 요한계시록의 독자인 사람들의 삶에 몰입해 볼 기회가 거의 없었기 때문에, 자기들이 요한계시록에서 읽은 내용이 현실에서 어디에 해당하는지를 중동이나 중국, 러시아나 백악관, 소문난 기술 진보나 캘

리포니아 산불에서 후다닥 찾아 버립니다. 이 소설에서는 특히 1세기 후반 에베소에 있던 기독교인들의 삶에 크게 드리우게 될 에베소의 풍경과 함께 삶의 여러 양상을 부각하고자 합니다. 그들이 그러한 삶의 양상을 대하는 관점(인정할 것인가, 맞설 것인가)에 계시록이 깊이 영향을 미쳤습니다.

전에 IVP에 계시던 댄 리드 박사께, 몇 년 전에 제가 제안한 이 소설 기획을 받아 주신 일을 감사드립니다. 댄이 은퇴하셨기 때문에 이 책의 편집 책임은 댄의 동료인 이선 매카시(Ethan McCarthy)가 맡아 주었습니다. 매카시의 수많은 귀중한 제안과 편집 감각에 감사합니다.

현지에서 특별히 의미 있게 시간을 보내며 정보를 수집한 덕분에 지금과 같이 책이 더 가치 있게 되었습니다. 2011년 봄에 한 학기 연수를 떠나도록 허락해 주고, 첫 터키 여행을 하도록 연수비를 보조해 주신 애슐랜드 신학교의 이사진과 본부와 교수진에게 감사합니다. 미앤더 트래블 대표인 압둘라 구르가 터키 방문을 아주 친절하게 준비해 주셔서 에페수스와 셀주크를 돌아보는 데 사흘을 온전히 쓸 수 있었습니다. 첫 여행이었으므로, 압둘라는 여행 첫날 에페수스와 이즈미르(스미르나: 서머나)와 페르가뭄(버가모) 현지를 돌아볼 때 유쾌한 가이드인 메흐메트 탄르베르디를 붙여 주었고, 회사 비용으로 도시 간 운송

수단을 준비해 주었습니다. 에듀케이셔널 오퍼튜너티즈 투어스 대표인 제임스 리지웨이는 제가 에페수스로 돌아와 더 넓은 성경의 땅과 바울의 여정이라는 맥락에서 세 가지 별개의 코스를 하루 일정으로 둘러볼 기회를 제공해 주었습니다. 두 분은 물론이고 두 분의 아주 유능한 직원들에게도 마음 깊이 고마워하고 있습니다.

저는 1995년부터 애슐랜드 신학교에서 가르쳤습니다. 제가 애슐랜드에 갔을 때 이미 데이비드 베이커 박사, 데일 스토퍼 박사, 조디 왓슨 박사가 수년간 그곳에서 강의를 하고 있던 터였고, 대니얼 호크 박사가 저와 함께 교수진에 합류했습니다. 브렌다 콜린 박사는 저보다 먼저 시간 강사로 있다가 제가 간 후에 전임 강사가 되었고, 마이클 로이슐링 박사와 윈디 로이슐링 박사, 존 바이런 박사가 얼마 지나지 않아 합류했습니다. 그동안 제가 충분히 시간을 들여서 이 소중한 형제자매 한 사람 한 사람이 제게 얼마나 고마운지, 제 삶에 얼마나 많은 영향을 미쳤는지, 제가 글을 쓰도록 얼마나 지지해 주었는지 말하지 않았다면, 바로 지금 그렇게 하고 싶습니다. 우리가 함께 수십 년에 걸쳐 맺어 온 협력 관계에 깊은 감사를 표하면서 이 작은 책을 동료 교수들에게 바칩니다.

등장인물

카이우스 플라비우스 **아민타스**(Caius Flavius Amyntas): 기독교인 부유한 지주, 해방 노예(노예 신분에서 해방된 자유민)의 손자

플라비아 **크리산테**(Flavia Chrysanthe): 아민타스의 아내

카이우스 플라비우스 **세쿤두스**(Caius Flavius Secundus): 아민타스와 크리산테의 아들

플라비아 **트리파이나**(Flavia Tryphaina): 아민타스와 크리산테의 딸

부르후스(Burrhus): 아민타스의 가정교회 소속 기독교인

프론토(Fronto): 아민타스의 가정교회 소속 기독교인

디오도토스(Diodotos): 거침없이 말하는 기독교인 장인(匠人), 아민타스의 가정교회 일원

메네스(Menes): 아민타스 가정의 노예

데메트리우스(Demetrius): 아폴로니우스의 아들, 기독교인 상인, 가정교회의 집주인

올림피아스(Olympias): 데메트리우스의 아내

크레스테(Chreste): 데메트리우스와 올림피아스의 열한 살배기 딸

테온(Theon): 데메트리우스와 올림피아스의 여덟 살배기 아들

티투스 플라비우스 **제욱시스**(Titus Flavius Zeuxis): 성공한 선장이자 상인, 황제의 해방 노예, 유대인

푸블리우스 아우렐리우스 **세라피온**(Publius Aurelius Serapion): 부유한 지주, 아르테미스의 사제

아우렐리아 **이시도라**(Aurelia Isidora): 세라피온의 아내

푸블리우스 아우렐리우스 **히피쿠스**(Publius Aurelius Hippicus): 세라피온과 이시도라의 아들

에우플루스(Euplus): 세라피온 집안의 기독교인 노예

파르메논(Parmenon): 세라피온 가정의 집사

니콜라우스(Nicolaus): 스트라토의 아들, 버가모 출신, 기독교인, 버가모 소재 아우구스투스와 로마 속주 신전 하급 사제

티투스 플라비우스 **몬타누스**(Titus Flavius Montanus): 에베소에서 "에베소 소재 아시아 공동 신전 대사제, 세바스토판트(sebastophant, 일반적으로 아우구스투스의 사제[flamen]), 종신(終身) 아고노테테(agonothete, 고대 그리스에서 대규모로 열리던 운동 경기를 주관하던 관리)"라는 직함과 연결된 인물.

가이우스 비비우스 **살루타리스**(Gaius Vibius Salutaris): 지역 독지가

티베리우스 클라우디우스 **아리스티온**(Tiberius Claudius Aristion): 대

사제, 황제 신전 관리 책임자

버가모의 아울루스 율리우스 **콰드라투스**(Aulus Julius Quadratus): 108-109년에 아시아 속주 총독이 되지만, 현재는 아시아 속주 총독인 마르쿠스 길로의 보좌관

T. 율리우스 다마스 **클라우디아누스**(T. Julius Damas Claudianus): 아시아 (속주 의회인) 코이논(koinon) 회원, 에베소 시민의회 의장

트로피무스(Trophimus): 바울의 예전 동료, 에베소 교회 장로

서머나의 **프로코루스**(Prochorus): 기독교인, 선견자 요한(John the Seer, 요한계시록을 기록한 요한)의 제자로 요한이 밧모에 유배 중일 때 요한을 도와주었다.

〈일러두기〉
- 본문에서 인명은 라틴어 발음으로 표기했습니다. 성경에 나오는 인물이 이 책의 본문에 직접 등장할 때는 라틴어 발음대로 표기하되 성경의 표기를 병기하고, 본문에 직접 등장하지 않는 경우에는 성경의 표기를 따랐습니다.
- 성경에 나오는 지명은 개역개정의 표기를 따랐고, 그 외의 지명은 국립국어원 표준국어대사전이나 네이버 백과사전의 표기를 따랐습니다. 단, 저자 서문(머리말)이나 각주에서는 현대 지명으로 표기하고 괄호 안에 성경 지명을 병기했습니다.
- 그리스도인/기독교인을 혼용했습니다. 소설 본문에서는 '그리스도를 따르는 사람들'이라는 뜻을 명확하게 나타내기 위해 '그리스도인'으로, 서문과 각주에서는 '기독교인'으로 표기했습니다.

1. 새해

카이사로스 1일, 10월 초하루 9일 전(9월 23일)

신성한 아르테미스가 생일을 축하하다

아르테미스의 사제, 푸블리우스 아우렐리우스 세라피온이 위대한 아르테미스 신전 바깥에 모인 사람들 곁을 성큼성큼 지나쳐 갔다. 이들은 신성한 행진을 하러 모인 사람들로, 백 명 정도는 그 행진에서 일정한 역할을 맡고 있었고, 천 명 남짓한 신도는 그저 행진에 참여하고자 에베소시(市) 북문부터 1.5킬로미터 되는 거리를 걸었다.

세라피온은 에베소 거리와 광장을 50년 동안 누볐지만, 군중 속에는 낯선 얼굴들이 많이 보였다. 분명 그들 대다수는 여행객으로, 세계 7대 불가사의 건축물 중 하나라고들 칭송하는 이 신전을 보러 왔다. 한번은 아테네에서 온 참배자가 신전 앞에서 우는 모습을 본 일이 떠올랐다. 세라피온은 그 사람에게 왜 그렇게 슬퍼하느냐고 물었다.

"제가 어떻게 아테네로 돌아가서도 우리의 파르테논(Parthenon)을 자랑스러워할 수 있겠습니까? 우리 아테네 여신의 집 네 채는 있어야 여기 아르테미스의 신전 하나를 채울까 말까 할 노릇이니 말입니다."

"에베소의 아르테미스는 정말로 위대하지." 세라피온이 흐뭇하게 혼잣말을 했다.

곁에서 시종 둘이 횃불을 들고 자기처럼 새하얀 옷을 입고 따라오고 있었기에, 세라피온은 움직일 때마다 사람들의 눈길이 자기에게 쏠리는 것을 느낄 수 있었고, 그 순간을 마음껏 즐겼다. 이날에 아르테미스 행진을 이끌도록 선택받은 것은 여간 영광스러운 일이 아니었고, 이 영광스러운 일에 상당한 기금을 댔으므로 이 영광을 온전히 즐길 심산이었다. 신전 연단으로 이어지는 널찍한 계단 열네 개를 오르기 전에 세라피온은 로마 사제들이 흔히 하듯이 갓 표백한 망토의 한쪽 주름진 부분을 머리 위에 걸쳤다. 세라피온이 다가가자 성소의 청동 문이 하품하듯이 서서히 열렸고, 앞에는 백 개가 넘는 이십 미터짜리 원기둥이 대리석 숲을 이루며 하늘을 향해 뻗어 있었다. 세라피온과 시종이 문지방을 넘어 대강당에 들어서자 양쪽에 대리석으로 만든 금고실이 줄 지어 있었다. 그 안에 로마의 아시아 속주 도시와 귀족들의 재산과 보물을 보관 중이었으며, 여신이 금고실의 침범할 수 없는 안전을 친히 보증하며 서 있었다.

이들은 신전 가운데 지붕 없는 안뜰에 들어섰다. 뜰 맨 끝에 여신의 방이 있었다. 오늘 아침에는 방문이 열려 있었고, 세라피온은 15미터 크기로 세워 놓은 거대한 신상을 우러러 보자니 경외감이 밀려왔다. 그리스인들은 활과 화살통을 지니고 반장화를 신고 다니는 처녀 사냥꾼 아르테미스를 상상했지만, 이 아르테미스는 비현실적인 아르테미스로, 황도 십이궁을 목걸이처럼 걸고 자랑하며, 날개 달린 그리핀[1] 수십 마리를 옷으로 입고, 가슴 전체를 계란 몇 줄로 장식하여 생명을 낳는 풍요와 다산을 상징했다. 머리에는 에베소시의 주요 건물들을 나타내는 관을 쓰고 있었다. 에베소시의 부(富)는 참으로 아르테미스의 힘과 호의에 달려 있기 때문이다. 팔은 초대하는 자세로 뻗고 있어서, 세라피온은 이날 정말로 여신의 은혜에 폭 싸인 기분이었다.

이 거대한 신상 앞에 2미터 남짓 되는 이동식 여신상이 서 있는데, 지금 그 곁에 에베소 상류층의 딸인 처녀 열두 명이 와 있었다. 이들은 이미 근처 샘에서 깨끗한 물을 길어 와 여신상

---

[1] 사자 몸통에 독수리의 머리와 날개를 지닌 신화적 존재 - 옮긴이

을 닦고 여신의 얼굴에 신성한 기름을 발라 놓았다. 지금은 여신에게 고운 비단옷을 입히고 있었으며, 신전 직원인 전문 사제들이 제의 절차를 지켜보면서 처녀들에게 지시하고 있었다. 역시 훌륭한 가문의 자제인 젊은이 열두 명이 줄 지어 들어와 단 위에 있는 여신을 신전 앞에서 대기 중인 수레로 옮기려고 했다. 세라피온은 아들 히피쿠스가 신상을 어깨에 메고 나르는 일을 돕는 모습을 자랑스러운 마음으로 보고 있었다. 신전의 전문 사제 하나가 이동식 여신상과 거대한 신상 앞에 서서 기도하는 자세로 손을 들어 올리더니, 여신이 더 작은 신상에 깃들어서 그들과 함께 다니면서 에베소시를 축복하고 동료 신들을 기리기를 빌었다. 그런 다음, 세라피온에게 행진을 시작하라며 고개를 끄덕였다.

세라피온이 앞장서서 성소 앞에서 돌아 나왔다. 청동 문을 지나 시종과 함께 나올 때, 아르테미스 신상이 그 뒤에 높이 들려 있었고, 음악가들이 악기를 연주했으며, 군중은 여신을 향해 환호성을 지르기 시작했다. 세라피온은 아내인 이시도라에게 고개를 끄덕여 알은체를 했다. 이시도라는 군중에게서 떨어진 곳에 식솔을 다 데리고 참석해 있었다. 세라피온은 노예들이 사흘 간 생산적인 노동을 하지 못하는 것을 감수하고, 노예 대부분에게 시골 대농장에서 시내로 나오라고, 그렇게 해서 자기 일행이 더 돋보이게 하라고 명령하기까지 했다. 그 옆을 지나가다가 세라피온은 가정 노예 한 명이 그 자리에 없다는 사실을 알아챘다. 순간 분노가 올라와 세라피온이 실컷 즐기고 있던 유쾌한 자부심을 덮쳤고, 아드레날린 분비로 맥박이 살짝 빨라졌다. 식솔을 다시 휙 훑어보았다. '에우플루스. 그놈이 없어.' 세라피온은 다시 스무 걸음 넘게 걷는 동안 격분을 억누르고 분노를 떼어 놓으려고 애썼다. '그 노예 놈 때문에 오늘 내가 누리는 영광이 그늘지게 하지는 않겠어. 다음에 놈을 만나면 대가를 치르게 하겠어.'

사진 1.1. 아르테미스 신상. 프리타네이온(Prytaneion, 고대 그리스의 시청사) 아래 매몰된 것을 발견함.

신상 뒤에는 세라피온의 명예로운 사제 동료들인 코우레타이(kourētai)[2]가 줄 맞춰 서 있었다. 코우레타이는 소수의 에베소 최상류층 남성들로 이 의식에 찬조금을 낸 덕에 주목을 받

---

2 코우레테스(kourētes, 라틴어로 Curetes)의 복수형으로, 행정 실무와 종교 업무를 담당하던 사제 - 옮긴이

고 특권과 영향력을 얻었다. 코우레타이 뒤에서 아울레타이(aulētai: 피리 부는 자들) 일곱 명이 귀에 익은 아르테미스 찬가를 갈대 피리로 불기 시작했는데, 그들 뒤에서 하프 연주자 일곱이 보조를 맞추며 연주하는 키타라(kithara)의 화음보다 소리가 컸다. 그 뒤에서는 열네 명이 찬가를 읊어서 아르테미스의 덕과 아르테미스가 세상을 위해서 행한 위대한 일을 들려주고 있었다. 여자들이 곡식 제물과 향이 그득한 바구니를 들고 있고 십 대 여자아이들이 사냥꾼 복장으로 사냥개에 목줄을 달아 끌고 있었으며, 신전 봉사자들이 덩굴과 꽃으로 화환을 엮어 황소를 꾸며서 끌고 가고 있었다. 그 사이로 젊은 남자들이 횃불을 들고 행렬을 따라 넓은 간격으로 서 있었다. 세라피온의 식솔은 그다음에 자리를 잡았고, 그 뒤로 엄청난 수의 숭배자 무리가 따라왔다.

신전과 에베소시 사이에는 습지 평야가 있어서 흙을 돋우어 길을 만들어 연결했는데 그곳을 지나는 데 꼬박 반시간이 걸렸고, 사람들은 걸어가면서 벌레를 찰싹찰싹 때려잡았다. 세라피온이 생각했다. '포장도로, 아니 지붕을 덮은 포장도로가 아르테미스 신전에서 시의 주요 출입문 두 개까지 깔리는 것이 시로서는 가장 큰 혜택을 입는 일일 텐데.' 그 일을 불레우테리온(Bouleuterion)³에서 수차례 논의했지만, 주요 인사들이 지원한 가용 기금은 시에서 우선 처리해야 하는 다른 일에 어느 정도 규모로든 계속 필요했다. '어쨌든 아직은 우기가 시작되지 않았으니까.'

● 자세히 들여다보기 ●

로마 시대 악기

중요한 관악기는 아울로스(aulos, 라틴어로는 티비아[tibia])였다. 아울로스는 서로 연결되지 않은 두 개의 관으로 구성되었으며, 각 관은 한쪽 끝에 있는 더블 리드ª에서 소리를 냈으며, 아래쪽에 엄지손가락을 놓는 구멍이 하나 있고, 위쪽에 구멍이 다섯 개 있다(다섯 구멍 중 네 개만 손가락으로 막을 수 있었다). 따라서 각 관에서는 여섯 음을 낼 수 있다. 아울레테스(aulētēs, 피리 부는 사람)가 아울로스를 어떤 식으로 연주했는지는 아주 분명하지는 않다. 가장 널리 받아들여지는 설은 양쪽 관으로 같은 음을 연주했다는 것이다. 아울로스의 조율이 불완전하면 소리가 더 도드라졌기 때문에 관

---

3 고대 그리스 도시 국가의 회의장, 의사당 - 옮긴이

사진 1.2. 아울로스를 연주하는 젊은 여자

두 개를 연주했다. 각 관에서 서로 다른 음을 연주했거나, 아울레테스가 관 하나로 멜로디를 연주하면서 다른 관에서 낮은음이 번갈아 나오게 했을 가능성도 있다.[b] 아울로스는 현대의 리코더 종류(소프라니노 리코더, 소프라노 리코더, 알토 리코더, 테너 리코더, 베이스 리코더, 콘트라베이스 리코더)와 비슷하게 여러 크기로 제작되었다.

팬 플루트는 시링크스(syrinx)라고 알려져 있기는 하지만[c], 이름으로 미루어 보아 고대 그리스에서 나온 것으로 보인다. 고대 세계에서 팬 플루트의 관은 길이가 모두 같았다. 관에 밀랍을 서로 높이가 다르게 채워 넣어서 높낮이가 다르게 소리가 나도록 만들었다. 일종의 가로피리(transverse flute)도 있었는데, 속이 빈 갈대에 입으로 부는 구멍과 손가락으로 막을 구멍을 뚫어서 만들었다. 관 한 개에 있는 구멍을 양손으로 덮을 수 있었기에 이 피리는 열 개의 음을 낼 수 있다.

주요 현악기로는 키타라와 리라, 두 가지가 있었다. 키타라는 계시록에는 보통 '하프'라고 나오며(계 5:8; 14:2; 15:2, 개역개정에서는

'거문고') 아폴로 신의 상징이다. 나무판 하나로 만드는데, 보통은 가운데를 파낸 공명판 위에 현 일곱 가닥을 팽팽하게 당겨 놓는다. 리라는 키타라와 비슷하지만, 보통은 거북이의 등딱지에 나무로 만든 틀을 끼워서 공명통 역할을 하도록 만들었다는 점이

사진 1.3. 키타라를 들고 있는 아폴로

다르다. 둘 다 왼손으로 현을 뜯으면서 오른손에 플렉트럼(피크)을 잡고 퉁기면서 연주한 듯하다(왼손으로 특정 현의 소리를 줄이면서 연주했을 가능성도 있다).

살핑크스(Salpinx) 즉 트럼펫(고전 14:8; 15:52; 계 8:2, 6; 개역개정에서는 '나팔')은 기본적으로 1미터 정도 길이의 얇은 금속관으로 그리스 시대에는 공 모양으로 입이 벌어져 있었고, 로마 시대에는 우리 눈에 더 익숙한 나팔 모양으로 입이 벌어져 있었다. 살핑크스에는 음정(key)이 없었기 때문에 연주자는 화성 음계(8도, 5도, 결국은 높은 3도) 속에서 입술의 장력을 조정해서 관 속에 있는 공기 기둥 맨 윗부분에서 진동시키는 속도로만 소리를 낼 수 있었다.

로마인들이 살핑크스를 발전시켜서 둥글게 만든 코르누(cornu)에도 동일한 한계가 있었다.

그리스인과 로마인은 재량껏 사용할 수 있는 타악기도 여럿 있었다. 가장 기본적인 타악기는 팀파논(tympanon)으로, 둥근 틀 위에 동물 가죽을 팽팽하게 쳐서 만든 일종의 핸드 드럼이다. 가수와 무용수는 본래 캐스터네츠의 원형인 크로탈라(krotala)를 사용하거나, 우리에게는 높은 음을 내는 것으로 익숙한 심벌즈를 더 작거나 더 두껍게 만든 형태인 킴발라(cymbala)를 사용했을 수도 있다(고전 13:1 참조, 개역개정에서는 '꽹과리'). 시스트럼(sistrum)으로 불리는 일종의 체명(體鳴)악기(rattle)[d]는 이집트 여신 이시스의 제의를 상징적으로 보여 주었으며, 유사한 악기가 더 넓은 정황에서 쓰였을 수도 있다. 그리고 당연히 징(개역개정에서는 '구리')도 있었다(고전 13:1).

---

a. 리드는 관악기가 소리 나게 하는 얇은 진동판이다. 더블 리드는 리드 두 장이 서로 접촉해서 진동을 일으킨다. - 옮긴이

b. 더 완벽한 논의는 John G. Landels, *Music in Ancient Greece and Rome* (London: Routledge, 1999), 41-46을 보라. 랜덜스(Landels)는 여기에 이름이 나오는 악기 전체의 완벽한 사용법은 물론이고 현재 남아 있는 고대 악보에 대한 음악적 분석, 그리고 복원된 고대 찬가와 노래 몇 개를 함께 제공한다.

c. 팬 플루트는 그리스 신화에 나오는 반인반수 목신 판[Pan]의 피리라는 뜻이다. 님프인 시링크스가 판에게 쫓기다가 강에 이르렀을 때 강의 님프들의 도움으로 갈대로 변했다. 판이 그 갈대를 몇 줄기 잘라서 밀랍으로 이어 붙여 피리를 만들었고, 이것이 팬 플루트의 유래가 되었다고 한다. 그래서 팬

플루트를 시링크스라고도 부른다. - 옮긴이
d. 고체로 된 물체의 진동으로 소리를 내는 악기로, 타악기 중에 북을 제외한 모든 악기가 여기에 속한다. - 옮긴이

행렬은 마침내 에베소시 남동쪽 문에 도착했다. 이 문에서 길은 동쪽으로 마그네시아, 그다음에는 트랄레스와 라오디게아로 이어진다. 행렬은 시의 성곽을 지나 구멍가게들이 늘어선 거리로 올라서더니 이윽고 시민 광장으로 쏟아져 들어가기 시작했다. 널찍하게 탁 트인 포장된 길바닥은 얼추 아르테미스 신전 크기였으며, 원기둥을 세운 주랑 현관(portico)과 관청과 공공건물이 주위를 둘러싸고 있었다. 이곳은 언제든 다른 날에는 에베소의 행정·사법의 중추부였다. 하지만 오늘은 데아 로마(Dea Roma)와 디부스 아우구스투스(Divus Augustus), 즉 로마 여신과 신격화된 아우구스투스의 거룩한 뜰이었다.[4] 이 공간을 이미 숭

---

[4] 에베소 시민 광장에서 디부스 율리우스((Divus Julius)와 디부스 아우구스투스(Divus Augustus) 신전이 정확히 어디에 있었는지는 논란의 여지가 있다. 페터 셰러(Peter Scherrer)의 주장에 따르면 광장 중앙에 단독 건물로 서 있던 신전은 디부스 율리우스와 데아 로마를 위한 신전이었으며, 그곳에 지으라고 아우구스투스가 명한 때가 에베소가 속주의 수도가 된 주전 29년이었다. 한편 프리타네이온과 불레우테리온 사이에 있던 이중 신전은 아우구스투스와 아르테미스에게 봉헌되었다. Scherrer, *Ephesus: The New Guide* (Istanbul: Ege Yayınları, 2000), 4-5; Scherrer, "The City of Ephesos from the Roman Period to Late Antiquity," in *Ephesos: Metropolis of Asia*, ed. Helmut Koester, Harvard Theological Studies 41 (Valley Forge,

1. 새해

배자 수천 명이 가득 채우고 있었다. 시의 관리들은 이번 행렬에 대비해 광장과 아우구스테이온(Augusteion) 앞에 있는 넓은 공간을 관통하는, 널찍하게 트인 길을 특별히 유지 보수해 왔다. 세라피온은 여신을 광장으로 모시고 가면서 광장 북동쪽 모

사진 1.4. 디부스 아우구스투스와 데아 로마 신전의 발굴터

PA: Trinity Press International, 1995), 1-25 참조. 그러나 스티븐 프리즌(Steven Friesen)과 S. R. F. 프라이스(Price)는 (프리타네이온 옆에 아르테미스와 율리우스 카이사르에게 봉헌된 더 작은 신전과 함께) 디부스 율리우스와 디부스 아우구스투스 신전 위치가 이 책에서 선택한 곳이라는 데 찬성한다. Friesen, *Twice Neokoros: Ephesus, Asia, and the Cult of the Flavian Imperial Family* (Leiden: Brill, 1993), 11n21; Friesen, *Imperial Cults and the Apocalypse of John: Reading Revelation in the Ruins* (Oxford: Oxford University Press, 2001), 101; Price, *Rituals and Power: The Roman Imperial Cult in Asia Minor* (Cambridge: Cambridge University Press, 1984), 254 참조.

서리에 있는 복합 목욕 시설에 가장 먼저 눈이 갔다. 아침의 축제 행사를 마무리 짓고서 꼭 들르기로 마음먹은 곳이다. 광장 서쪽에 있는 바실리카 스토아(Basilica Stoa)[5]를 쓱 훑어보았다. 세 면에 측랑(側廊)이 있는 거대한 건물로 거의 백 년 전에 섹스투스 폴리오(Sextus Pollio)가 에베소시에 지어 주었다. 평소에 이곳은 정무관들이, 때로는 총독이 친히 소송을 심리하는 자리지만, 오늘은 에베소 시민들이 광장에서 진행할 본 행사를 직접 보러 온 탓에 발 디딜 틈이 없었다. 바깥쪽 기둥 위에는 아키트레이브(architrave)[6] 전체를 가로질러 팔뚝만 한 크기로 이런 글이 새겨져 있었다. "에베소의 아르테미스, 신의 아들인 황제 카이사르 아우구스투스, 아우구스투스의 아들 티베리우스 카이사르에게, 또 에베소 사람들에게."[7] 세라피온이 혼잣말을 했다. "오늘의 연례행사에 완벽하게 어울리는 배경이군. 에베소 사람들의 아르테미스가 오늘 아침, 죽었으나 신이 된 황제 카이사르 아우구스투스의 생일에 황제에게 특별히 경의를 표하려고 종자들을 거느리고서 등장했으니…."

---

5 직역하면 '왕족의 열주랑(원기둥으로 둘러싸인 장소)'으로, 로마 시대에 공공 용도로 쓰인 대규모 건물이다. – 옮긴이
6 그리스·로마 건축에서 원기둥 위에 얹은 수평부분[entablature]의 가장 아랫부분 – 옮긴이
7 Friesen, *Imperial Cults*, 95.

아울레타이와 키타라 연주자들의 연주가 끝나 고요해질 즈음, 세라피온과 시종들이 아르테미스 여신과 함께 신성한 아우구스투스 신전 앞 공간에 들어섰다. 아우구스테이온 앞에는 에베소 귀족들도 망토의 주름진 부분을 머리 위에 걸친 채, 불이 활활 타오르는 작은 제단을 브이(V) 자 모양으로 에워싸고서 한 줄로 서 있었다. 각자 오른손에 납작한 그릇을 들었다. 그중에서 허리둘레가 대단한 자부심(ego)의 신체상 발현에 불과해 보이는 나이 지긋한 귀족이 앞으로 걸어 나오자, 세라피온이 중후하고 엄숙한 어조로 말을 걸었다.

"율리우스 다마스 클라우디아누스, 우리의 위대한 신 아우구스투스의 훌륭한 사제여, 에베소의 수호자이자 에베소 사람의 후원자, 로마의 모든 친구의 친구인 우리의 위대한 아르테미스 여신께서 신성한 동료 아우구스투스 신께, 이날, 카이사르의 거룩한 탄신일에 인사하십니다."

세라피온이 팔을 뻗어 아직 보이지 않는 선물을 가리키는 시늉을 했다. 세라피온이 신호를 보내자 곡식과 향을 들고 온 처녀들이 앞으로 나왔다. 뒤이어 신전 사제들이 화환을 씌운 황소를 제단 옆 철제 고리로 끌고 오더니, 거기에 황소의 목을 단단히 묶었다.

"푸블리우스 아우렐리우스 세라피온, 위대한 여신 아르테미스의 거룩하고 영광스러운 코우레테스여, 온 세계에 평화를 가져온 분인 우리의 위대한 신 아우구스투스께서 신성한 동료를 환영하시며, 여신께서 오늘의 방문으로, 또 신에게 합당하며 신이 베풀기에 합당한 이러한 선물로 친선을 새롭게 하신 것에 대해 감사를 표하십니다."

● 자세히 들여다보기 ●

로마의 아시아력(曆)

알렉산더 제국의 대부분처럼 에베소시는 마케도니아력 사용에 점차 익숙해졌다. 로마의 통치가 시작되자 (로마 제국 내 다른 지역 역법처럼) 마케도니아력은 로마력과 공존했다. 로마력 자체는 주전 47년과 45년에 율리우스 카이사르가 훌륭하게 개정해서 로마식 일 년과 태양년이 그 어느 때보다 더 정밀하게 일치하게 되었으며, 한 해 걸러 한 번씩 (짧은) 윤달을 넣을 필요가 없어졌다.

주전 9년 어간에 아시아 속주 의회는 일종의 대회를 제안했는데, 아우구스투스 황제에게 가장 어울리는 명예로운 일을 고안해 낸 사람이 우승자의 화관을 받는 대회였다. 우승자는 당시 아시아 속주 총독 파울루스 파비우스 막시무스였다. 막시무스는 아시아에서 시간 개념을 아우구스투스를 중심으로 재정비하는 새로운 역법을 권고했다. 막시무스의 추론에 따르면 아우구스투스가 통치자의 자리에 올라서 온 세상에 새로운 평화와 번영 시대의 시작을 알렸으므로, 이제부터 아우구스투스의 생일을 아시아의 새해 첫날로 여겨서 황제가 모든 이에게 베푼 새로운 시작을 영원히 떠올리게 하는 것이 마땅했다. 지방 관리들 역시 이제부터는 그날을 기준으로 임기를 시작할 것이다. 그와 동시에 마케도니아력의 (새로운) 첫 달 이름은 제우스에게 경의를 표하는 디오스(Dios)에서 카이사로스(Kaisaros)로 바뀌며, 아우구스투스의 생일인 9월 23일이 카이사로스 1일이 된다.

그 제안을 지지하는 의회가 정한 법령을 보면 구세주가 온 것이나 다름없는데, 다음과 같은 이유를 들어 그 권고를 칭찬한다.

> 신의 섭리는 우리 삶과 관련한 모든 일을 정돈하고, 부지런한 돌봄과 호사를 보여 주지만, 무엇보다도 아우구스투스를 우리에게 주어서 삶을 가장 완벽하게 장식해 주었으며, 우리와 후손에게 전쟁이 그치게 하고 [만물을] 정돈할 인물[구세주]을 보내 준 그 순간에, 아우구스투스에게 인류에게 유익을 줄 탁월함으로 가득하게 했다. … 이 신의 탄신일이 세상에게는 그를 통해 일어날 좋은 소식의 시작이 되었다.[a]

바로 이 법령을 대리석에 새겨서 버가모에 있는 로마와 아우구스투스 속주 신전은 물론이고 지방 중심지들과 그 외 지역 황실 신전에 세웠다. 비문이 물리적으로 가장 잘 남아 있는 유적이 프리에네(Priene)에서 발견되어, 프리에네라는 이름이 비문에 붙었다.

---

a. 저자 번역. Friesen, *Imperial Cults*, 32-35; F. W. Danker, *Benefactor: Epigraphic Study of a Graeco Roman and New Testament Semantic Field* (St. Louis: Clayton, 1982), 215-222 참조.

처녀들이 각자 한쪽 무릎을 꿇고 고개를 숙이고서 바구니를 높이 들었다. 이제 아우구스투스의 사제들이 두 줄 나란히 앞으로 나와, 몇 사람은 곡식을 조금, 나머지는 향을 조금 바구니에서 퍼서 그릇에 담은 후 안쪽으로 돌아서 불이 활활 타오르는 제단에 다가갔다. 사제들이 돌아가며 각자 그릇에 담긴 것을 불 위에 쏟아놓자, 곡식이 타면서 불티가 위로 올라갔고, 향에서 연기 구름이 올라가면서 향기가 뜰에 가득 퍼지기 시작했다.

또 다른 사람이 사제 복장을 하고서 앞으로 걸어 나왔는데, 세라피온과 연배가 비슷해 보였다. 세라피온이 모르는 사람이었지만, 분명 황제의 사제였다. 백발이 섞인 머리채가 금속 머리띠 아래로 흘러내렸고, 머리에 걸친 망투 주름 아래로 보이는 머리띠에는 로마 여신과 신성한 아우구스투스의 작은 흉상이 달려 있었다. 그 사제는 황소 앞에 당당하고 자신 있게 서서 오른손 손가락을 쫙 펴서 황소 눈앞에 내밀었다.

"아우구스투스 신에게 바쳐지는 데 동의하지?" 사제가 황소에게 묻고서 손목을 중심으로 손을 위아래로 돌리자, 황소가 그 손을 따라 움직였으므로 동의한다고 고개를 끄덕이는 듯이 보였다.

사제가 재빨리 왼손에 들고 있던 둥글게 휘어진 칼로 황소의 목 정맥을 끊자, 시종 하나가 대야를 들고 앞으로 나와서, 아르테미스 신전에서 나온 사제가 황소 머리를 망치로 한 대 쳐서 재빨리 해치우는 동안, 피를 조금 받았다. 황소는 단박에 땅에 쓰러졌다. 버가모에서 온 아우구스투스 사제가 대야를 건네받아 내용물을 불길에 천천히 뒤집어 쏟아서, 피가 불을 꺼뜨리기 전에 불에 증발되게 함으로써, 생일을 맞은 신에게 상징적으로 황소를 전달했다. 바로 이때 에베소 젊은 남자들이 신을 기리는 찬가를 부르기 시작했다.

새해가 오늘 시작되었도다.

백오십삼 년 전 이날,

아우구스투스가 탄생하는 순간,

새로운 시대가 시작되었도다. 그때는 그저 옥타비아누스였어.
아무도 신들이 그를 예정해 두었다고 생각하지 않았지만,
신들은 인류에게 한결같은 선의를 보내어
로마의 영원한 통치로
지상에 영원히 계속될 평화의 도래를 알렸도다.
그 땅 전체를 위한 위대한 닻이요,
모든 민족에게 다시 번영을 가져와
안정시키는 힘이요….

찬가가 끝났을 때 세라피온이 여신의 대변인으로서 동료 신에게 작별을 고한 다음, 행렬을 이끌고 에베소를 통과하는 순례를 완료하고자 했다. 세라피온과 횃불 봉송인들이 아르테미스와 기나긴 일행을 이끌고 아우구스테리온을 지나쳐서 시민광장 북서쪽 모퉁이를 향해 갔다. 거기에서 엠볼로스(Embolos)라고 일컫는 거리로 내려가기 시작했다. 엠볼로스는 '쐐기'라는 뜻으로, 보통은 거리를 격자형으로 만들지만 엠볼로스는 아래쪽 상업·유흥 지구와 대각선으로 비스듬하게 교차하면서 연결되었기 때문에 그렇게들 불렀다. 먼저 세라피온은 죽 늘어서 있는 자그마한 기념비들을 지나쳐 갔는데, 딱 한 달 전에 제막식을 치를 때 에베소 최상류층 대부분의 관심이 거기에 쏠

렸다. 왼쪽으로는 큰 광장이 개방되어 있는데, 현 황제이자 신인 도미티아누스의 새 신전으로 가는 주요 진입로였다. 몇 발짝 성큼 내딛자 양쪽에 상점이 있는 거리에 들어섰다. 상점가 위쪽으로는 주거용 건물들이 산비탈을 향해 아주 빽빽하게 뻗어가고 있었다. 주민 몇몇이 자기 가게 문턱에 나와 여신이 지나갈 때 소형 이동식 제단에 향을 태워서 경의를 표했다. 길과 상점 사이에는 오래전 세상을 떠난 주민들 석상이 길 양쪽에 쭉 세워져 있었고, 석상 아래쪽에는 경의를 표하며 새겨진 문구로 그들이 에베소시를 위해 행한 자선이나 봉사를 쉴 새 없이 선포하고 있었다.

행렬이 엠볼로스 아래쪽 끝에 얼추 다다르자, 세라피온이 얼굴을 들고 왼쪽을 쳐다보았다. 거기에는 세라피온 소유의 타운하우스가 있었다. 자기 집 바로 아래 옥상 테라스에서 이웃인 카이우스 플라비우스 아민타스가 다가오는 행렬을 지켜보는 모습이 얼핏 보였다. 세라피온은 자기 이웃이 신앙심 깊은 일 일체를 누구나 알아차릴 정도로 그만두어 버린 일이며, 매주 첫날 밤이면 그의 거처에서 들려오는 기묘한 주문이 한꺼번에 떠올라, 순간 열이 확 뻗치는 기분이었다. 이 도시에서 그런 불경한 일을 더는 그대로 덮어 둘 수는 없었기에 세라피온은 행진을 멈췄다.

"아민타스, 이게 무슨 일이요?" 세라피온이 짐짓 놀란 듯이 똑똑히 들리도록 큰 소리로 불렀다. "우리 에베소의 거룩한 제의에 참여하지 않다니. 더구나 오늘 같은 날에 말이요."

"가장 존경하는 세라피온, 죄송합니다. 가고 싶었지만, 어젯밤부터 몸이 좋지 않았습니다."

'당연히 안 좋았겠지. 그런 해로운 사교(邪敎)에 사로잡혔으니….'

"제 기도가 오늘 당신의 곁에서 내내 올라가고 있었습니다. 그걸 확신하실 수 있겠죠." 아민타스가 덧붙였다.

구경하던 많은 사람들이 이 신앙심 깊은 표현에 흡족해하며 손을 흔들고 아민타스의 건강을 기원했고, 그러고 나서는 마지막 과정을 시작하기를 바라며 세라피온을 쳐다보았다. 세라피온은 다 안다는 듯 아민타스를 향해 억지웃음을 짓고는 행렬을 앞으로 인도했다. 거리 모퉁이를 돌아 대극장을 지나쳐 가면서 세라피온은 어깨 너머로 아민타스를 한 번 더 흘끗 돌아보았다.

세라피온은 조용히 기도했다. '아르테미스여, 당신의 도시가, 특히 이 도시의 고귀함이 역겨운 불경함에 감염되지 않고 깨끗하도록 지켜 주소서. 그러한 감염이 우리를 대적하고 우리 가운데 일어나지 않게 하소서.'

프리타네이온에서 열린 술잔치

세라피온은 아르테미스에 대한 직무를 끝내고서, 오후 일찍부터 목욕탕에 내내 있다가 엠볼로스 가장 아래에 있는 자신의 타운하우스로 물러가 저녁 축제 행사에 갈 채비를 했다. 그날 제의에서 중요한 역할을 한 덕분에 시 원로들과 고위 관리들과 함께 만찬에 초대받았다. 등 뒤로 해가 질 즈음, 세라피온은 다시 엠볼로스로 돌아와서 시민 광장으로 갔다.

세라피온은 친구들과 지인들이 조촐하게 열고 있는 잔치 자리를 지나갔다. 다들 그날 아침 일찍 제물로 바친 짐승의 고기를 공비(公備)로 마련한 빵과 풍성한 포도주에 곁들여 받아, 상점 앞 빈터나 작은 뜰의 화톳불 주위에 모여 있었다. 엠볼로스 꼭대기에 다다를 무렵에는 시민 광장에 더 많은 주민들이 모여 있는 소리가 들렸고, 많은 화톳불에서 고기 익어 가는 냄새가 기분 좋게 풍겼다.

세라피온은 왼쪽 첫 번째에 있는 큰 공공건물인 프리타네이온으로, 즉 시민 광장 모퉁이에 있는 에베소의 '난로'로 향했다. 프리타네이온 앞마당을 가로질러 가면서, 수백 명의 이름을 새겨 놓은 앞쪽 원기둥들을 흐뭇하게 바라보았다. 세라피온은 문턱에서 잠시 걸음을 멈추고 자기 이름을 만져 보았다. 원기둥에서 아무것도 새겨져 있지 않은 원통 부분에는 장차 사

사진 1.5. 시민 광장 방향 엠볼로스

제직을 맡을 동료들과 후계자들의 이름이 새겨지겠고, 세라피온의 이름은 그보다 조금 위에 있었다. 프리타네이온 현관에는 신성한 난로에서 불이 타고 있었고, 시에 속한 노예 둘이 열두 시간 교대로 계속해서 살피고 있었다. 세리피온은 난로를 지나 신성한 숭배의 복도를 통과해서 복합 건물 뒤쪽 식당에 들어섰다. 낮은 식탁 주위로 정사각형의 세 면에 큰 카우치(couch,

몸을 비스듬히 기대어 앉을 수 있는 긴 의자)가 세 개 놓여 있어서, 세라피온이 그 앞에 섰다.

"푸블리우스 아우렐리우스 세라피온, 어서 오시오." 아침에 제의를 주관했던 나이 지긋한 아우구스투스 제사장이 세라피온의 도착을 알렸다.

"고귀한 율리우스 다마스 클라우디아누스, 고맙습니다." 세라피온이 답했다.

"여기 내 카우치에 합류하십시오." 클라우디아누스는 이렇게 말하면서 왼쪽 팔걸이를 짚고서 쿠션에서 몸을 살짝 일으키며 오른손으로 손짓했다. "오늘 밤에는 우리의 빛나는 마르쿠스 풀비우스 길로 총독께서 부재중이시라 내가 주인 역할을 맡았소. 총독께서 여기 제 오른쪽에 버가모의 콰드라투스 수석 보좌관을 두고 가기는 하셨소만. 그대는 아르테미스의 코우레타이 중 하나이며, 또 아마도 이 자리에서 유일하게 프리타네이온 공식 소속 인물이기에, 주인의 카우치 자리를 차지하는 것이 당연하오."

가운데 카우치의 빈자리가 가장 상석인데, 그 자리에 앉지 못하는 충격을 클라우디아누스가 누그러뜨려 주려고 하자 세라피온은 미소를 지어 보이고서 클라우디아누스 왼쪽 가장 가까운 자리에 앉았다. 세라피온이 자리에 앉으려던 참에 한 사

사진 1.6. 프리타네이온에서 나온 북 모양 석재(column drum, 이 석재의 평평한 면 위아래를 연결해서 돌기둥을 만들었다. - 옮긴이). 사제들과 기타 공직자들 이름이 새겨져 있다.

사진 1.7. 프리타네이온 앞뜰과 입구

람이 연회장에 들어섰다. 그 사람은 버가모에서 온 황제 사제로, 아르테미스의 황소를 제물로 바치는 일을 진두지휘한 인물이었다.

"저를 기다리시게 한 것 같군요."

● 자세히 들여다보기 ●

네오코로스(NEŌKOROS) 직위

고전 시대와 헬레니즘 시대에 네오코로스(neōkoros)는 그리스 신전의 관리로서 오늘날 교회 관리인 즉 관리 집사와 가장 비슷한 일을 했다. 명칭만 놓고 보면 '신전 청소부'라는 뜻이다. 이 명칭의 어법과 의미가 후기 헬레니즘 시대와 초기 로마 시대에 바뀌어서, 일정 기간 신전 기금을 주로 대는 사람을 지칭하게 되었다. 보통 네오코로스인 시민은 유지비나 그 외 신전과 신전의 여러 제의 활동에 들어가는 주요 비용을 부담하는 중요한 역할을 맡았으며, 그 덕분에 제전 거행을 도와주는 명예와 특권을 누렸다. 그래서 네오코로스를 흔히 '신전 관리인'이나 '신전지기'로 번역한다.

에베소에서는 이 명칭을 에베소와 위대한 아르테미스 신전의 관계를 설명하는 데 쓰기 시작했다. 아르테미스 신전은 에베소 성벽에서 1.6킬로미터 안짝에 있었고, 에베소는 아르테미스 신전과 특별히 긴밀한 관계를 누렸다(행 19:35 참조). 어쨌든 아르테미스 신전에서 숭배한 여신이 에베소 사람들의 디아나/아르테미스였다는 사실은 사도행전 19장 28, 34절뿐 아니라 속주와 시에서 주조한 많은 동전 뒷면에서 '에베소의 디아나'를 기린다는 데서도 입증된다. 1세기 어느 시점에 네오코로스는 속주 전체에서 특정 황제의 숭배를 주관할 권리를 받은 시에 특별히 쓰이게 되었다. 플라비안 황실의 속주 제의를 위해 에베소에 신전을 지을 무렵에는 대략 이러한 의미가 네오코로스의 전문 의미가 되었다.

사진 1.8. 트라야누스 통치 기간의 비문(碑文). 에베소가 자신을 네오코로스 도시로 서술한다.

"전혀 그렇지 않소." 클라우디아누스가 그렇지 않다고 장담했다. "여러분, 이분은 스트라토의 아들, 로마 여신과 신성한 아우구스투스의 버가모 신전 부사제, 버가모의 니콜라우스(Nicolaus, 개역개정 표기 방식으로는 '니골라')입니다. 친절하게도 오늘 신의 탄신일 예식을 빛내 주었습니다."

니콜라우스가 망토를 벗어서 시종에게 건네는 동안 다른 손님들이 환영하는 말을 했다.

"오늘이 아우구스투스의 탄신일이고, 그대는 우리 속주에서 아우구스투스 숭배를 위해 봉헌한 가장 중요한 신전을 대표해서 이곳에 왔으니, 오늘 밤에 그대가 가장 상석에 앉는 것이 마땅하오."

"고귀한 클라우디아누스시여, 영광입니다." 니콜라우스가 이렇게 말하며 주인 자리에서 제일 가까운 가운데 카우치에 자리를 잡았다.

"그대 옆자리는 서머나에서 온 귀한 손님 아우렐리아누스와 디오판테스의 자리로 정했소." 클라우디아누스가 말하면서 가운데 카우치에 앉은 나머지 두 사람을 가리켰다. "두 분 다 리비아에 있는 티베리우스 속주 신전과 서머나 원로원과 협력 관계인 사제요. 아우렐리아누스는 속주 의회 동료이기도 하고." 클라우디아누스가 카우치 반대편으로 몸을 돌려 그쪽 카우치에 앉아 있는 이들을 가리키며 힘주어 말했다. "그렇지만 여기 계신 세 분이, 에베소에서 최고이자 **으뜸가는** 분들이오."

세 사람 중 최고 연장자가 그렇지 않다는 듯한 몸짓을 했다.

"아니요, 아리스티온, 사실이 그렇습니다. 부인할 수가 없는 사실입니다." 클라우디아누스가 말을 이어 갔다. "이분은 아리스티온이오. 우리 도미티아누스 신전의 대사제이자 관리 책임자인 **동시에**, 하버(Harbor) 김나지움(종합 체육관이자 교육 시설)이 아직 건축 중이어서 유감이지만, 두 사업에 손꼽힐 정도로 의미 있게 보조금을 지원한 것을 인정받아 그 김나지움의 책임자로 선출된 분이기도 하오."[8]

다른 이들이 아리스티온이 아낌없이 기부한 일과 그 덕에 얻은 귀중한 명예를 위하여 건배를 하는 바람에 클라우디아누스는 말을 이어 갈 수가 없었다.

"당연하오. 받으실 만하오." 클라우디아누스는 잠시 사람들이 끼어든 것을 좋게 받아들이며 말했다. "아리스티온 옆에 있는 분이 몬타누스시오. 도미티아누스 신전과 신전이 관여하는 제전을 향한 헌신과 도량이 남달라서 이름을 떨치게 되셨소. 이것을 인정받아 신성한 도미티아누스의 황실 밀교(密敎)의 세바스토판트(sebastophant)이자 이곳에서 2년마다 신성한 도미티

---

[8] 티베리우스 클라우디우스 아리스티온은 에베소에 있는 비문을 통해 알려진 인물로, 도미티아누스 제의를 시작했고 이후 수십 년 동안 그 제의에서 적극적으로 활동한 지도자였다. 이어서 에베소에 있는 주요 공공건물 대부분을 적어도 주후 112년까지 맡았다. Friesen, *Twice Neokoros*, 162-163; J. Nelson Kraybill, *Imperial Cult and Commerce in John's Apocalypse* (Sheffield: Sheffield Academic, 1996), 70, 114 참조. 클라우디아누스는 속주 의회와 90년대 황제 숭배의 지도자로 비문에 이름이 있다 (Friesen, *Twice Neokoros*, 162). 그의 생애에 대해서는 더는 알려진 바가 없다.

아누스를 기리며 개최하는 황실 경기 제전의 종신 아고노테테(agonothete)로 임명되셨소이다.⁹ 그 옆에 계신 분이 살루타리스로, 신앙심이 뛰어나고 기부를 많이 하셔서 진정 아르테미스의 친구요 카이사르의 친구임을 보여 주셨소."¹⁰

니콜라우스는 에베소의 세 고관과 인사를 주고받았다.

"같은 버가모 사람인 콰드라투스는 당연히 알고 있을 거요. 콰드라투스 옆에 있는 분이 또 한 명의 에베소 시민인 세라피온이시오."

"네, 오늘 아침에 아주 경건하고도 예법에 맞게 의식을 거행하신 아르테미스 사제시죠." 니콜라우스가 알은체를 했다. 세라피온이 감사해하며 고개를 끄덕였다.

두 노예가 클라우디아누스가 신호를 보내기를 기다리고 있다가 앞으로 나왔다. 한 노예는 작은 화로를, 다른 노예는 납작한 그릇에 향을 잘게 부수어 담아 포도주 한 잔과 함께 들고 왔다. 앞사람이 화로를 클라우디아누스 앞 식탁에 내려놓는 동안, 뒷사람이 클라우디아누스에게 향이 담긴 그릇을 건넸다.

---

9 어느 비문으로 알려져 있는 내용에 따르면 티투스 플라비우스 몬타누스는 주후 90년에서 112년 어간 어느 시기에 플라비아누스 신전의 대제사장 직무뿐 아니라 이러한 직무도 맡았다(Friesen, *Imperial Cults*, 114).

10 에베소에 있는 어느 비문에는 가이우스 비비우스 살루타리스를 '필라르테미스 카이 필로카이사르(philartemis kai philokaisar), 즉 "아르테미스의 친구이자 카이사르의 친구"로 명명해서, 그가 기부금을 상당히 냈음을 입증한다.

클라우디아누스가 다시 왼쪽 팔걸이를 짚고 몸을 일으키더니 화롯불 위에서 그릇을 비웠다. 그릇을 노예에게 건네고서 클라우디아누스는 오른손에 잔을 들었다.

"난로와 가정의 수호자, 헤스티아 여신에게 감사합니다. 여신의 거룩한 경내에서 우리가 모입니다."

클라우디아누스가 포도주를 불 위에 살짝 부었다.

"에베소의 수호자이자 에베소의 미래의 보증자, 아르테미스 여신에게 감사합니다."

한 번 더 포도주를 부었다.

"무엇보다도 이날, 신이신 아우구스투스에게 감사합니다. 그분을 통해 속주가 새로운 세계 질서, 이 평화와 번영을 누리는 황금시대를 확고히 세웠습니다. 이 시대가 영원히 계속되기를…."

클라우디아누스가 포도주 잔을 난로 위에 비우자, 노예가 예의 바르게 잔을 치웠고 여자 노예들이 포도주 잔, 각 손님을 위한 물, 첫째 코스에 해당하는 요리를 들고서 한 줄로 들어왔다. 빵은 가장 좋은 밀을 빻아서 만들었고 오븐에서 갓 나온 터라 아직도 김이 났으며, 갖가지 올리브와 치즈와 견과가 있었고, 토마토와 오이와 가지는 얇게 썰어서 포도주와 허브에 절였다.

"우리의 고귀한 길로(Gillo) 총독께서 여러분 한 명 한 명에게 몸소 안부를 전하시면서, 여러분이 방문하셨는데 개인적으로 접대를 해 드리지 못해 안타깝다고 하셨습니다." 콰드라투스가 총독을 대신해서 전했다. "여러분이 다 아시다시피 총독께서는 버가모 속주 신전에서 열리는 신성한 아우구스투스 탄신일 축하 행사 때문에 버가모에 계십니다."

니콜라우스가 말을 보탰다. "우리 버가모에서는, 신성한 아우구스투스의 탄신 기념일 축하 행사는 **사흘**짜리 행사의 일환으로, 이틀 전인 신성한 리비아 아우구스타 황후의 생신 때 시작되었습니다. 에베소의 **하루**짜리 잔치가 버가모의 매달 초하루 월례 행사보다 규모가 더 크군요."

세라피온은 빵과 염소 치즈에 손을 뻗다가 눈살을 찌푸리며, 동료 에베소 시민 중 누가 미끼에 걸려들지 궁금해졌다.

"당연히 속주에서 아우구스투스 숭배의 중심인 곳에서 가장 호화롭게 기념행사를 하는 것이 마땅하오." 아리스티온이 살짝 방어적인 태도로 대답했다. "나는 다음 달에, 그리고 이후로 쭉 우리의 주인이자 신이신 도미티아누스의 생신을 기리며 열리는 행사가 소아시아 나머지 지역에서 열리는 행사를 능가하리라 기대하고 있소."

"라오디게아는 도미티아누스를 기리는 지역 신전을 거의 다

지었습니다." 서머나의 아우렐리아누스가 전했다. "아주 장엄할 겁니다."

"장엄?" 아리스티온이 성난 두꺼비처럼 살짝 부풀리면서 나지막이 힘주어 말했다. "에베소를 떠나시기 전에 '장엄하다'고 불릴 만한 신전을 보게 될 거요. 신성한 도미티아누스에게 어울리고, 네오코라테(neokorate, 네오코로스의 직무)의 도시라고 불릴 만하지."

"맞습니다." 클라우디아누스가 끼어들어서 화제를 도시의 경쟁 관계에서 돌리려고 했다. "여러분이 모두 새 신전의 거룩한 경내를 둘러보도록 주선해 놓았소. 속주 의회가 이름 붙였듯이 황제들의 에베소 공동 신전이오.[11] 아리스티온, 현재 준비 상황이 어떻습니까?"

아리스티온은 좀 더 느긋한 태도로 힘을 뺄 수 있었다.

"신전 주요 책임자들과 대부분의 후원자들은 채워졌소이다. 루키우스 클라우디우스 필로메토르가 갑작스레 사망해서 의회에서 공석이 된 네오포이오이(neopoioi) 자리 하나를 포함하여 몇 자리가 비어 있기는 하오."

---

[11] Asia's Shared Temple of Augusti. 그 지역에 있는 봉헌 비문을 보면 로마의 아시아 속주에 있는 도시들에서 그 복합 건물에 이러한 칭호를 붙였다(Friesen, *Imperial Cults*. 45-46).

"제의에 자금을 조달하는 면에 관해서는, 사람을 다 채우지 않아도 잘 해낼 수 있었습니다만, 새 신전을 개관할 때는 후원층이 가능한 한 튼튼했으면 좋겠습니다." 몬타누스가 덧붙였다.

"그 문제는 내일 시 의회가 모였을 때 이야기해 볼 계획이오." 사람들이 충분히 집어 먹은 전채 요리 접시를 노예 세 명이 식탁에서 치우는 동안 아리스티온이 단언했다. "제전과 개관 경기를 위한 최종 준비 역시 잘 진행되고 있소이다. 항구 옆에 있는 새 목욕탕 시설 준비는 제1회 도미티아닉 경기에 참가하는 운동선수들이 사용할 수 있도록 그 기간 내에 마치지는 못하겠지만, 적어도 훈련장은 사용할 수 있을 거요."

"분명 극장 너머 김나지움 안에 있는 목욕탕으로 충분할 텐데요." 세라피온이 안심시키려는 듯이 말했다.

클라우디아누스가 덧붙였다. "여기 계신 서머나의 아우렐리아누스나 내가 어떤 식으로든 도울 일이 있다면 알려 주시오. 우리는 속주 의회의 일원으로서 이 모든 숭배 종합 시설을 감독할 책임을 맡았으니, 아무것도 부족한 것이 없기를 바라오. 우리가 이 신전들과 신전에서 열리는 제의에 마음과 자원을 쏟을수록 속주 전체가 황제의 은혜와 영광을 더욱 크게 누릴 테니 말이오."

"도미티아누스의 이 새 신전 덕분에 위대한 에베소시가 드디어 크게 인정을 받게 되었소." 아우렐리아누스가 말을 보탰다. "나는 시 전역에서 '신전지기 직무를 받은 에베소 사람들의 의회와 시민들' 명의로 작성한 시민 법령의 최신 비문을 보았소. 여러분이 누리는 명예가 여러분의 신분을 알리는 가장 중요한 자리에 놓였소."

"그 명예를 받기까지 너무 오래 걸렸소." 살루타리스가 한탄했다. "에베소여, 위대한 아르테미스의 집이자 로마 속주의 수도여! 우리는 수십 년 전에 황제의 네오코라테를 받았어야 했소."

"아우렐리아누스, 우리는 사실 자랑스럽소." 몬타누스가 인정했다. "그대가 서머나에서, 그대 이웃들이 버가모에서 누리는 것과 똑같은 특별 대우를 우리도 누리게 되었으니 말이오."

"특별 대우 사이에서도 더 특별한 대우가 있기는 합니다만." 콰드라투스가 끼어들었다.

아리스티온과 몬타누스가 어리둥절해하며 맞은편에 앉은 수석 보좌관을 쳐다보았다.

니콜라우스가 살짝 어색하게 웃으며 말했다. "아, 제 동료 시민께서는 우리 시에 새로 새긴 비문을 말씀하시는 겁니다. '최초로 신전지기 직무를 받은 버가모 사람들의 의회와 시민들'이라는 포고문이 기록되어 있습니다."

손님들은 이 기발한 경쟁의식에 너나없이 크게 웃으며 즐거워했지만, 아리스티온만은 그렇지 않았다. 재미있어 하는 기색이 전혀 아니었다.

"하룻밤 동안은 잠시 경쟁을 중단하십시다." 클라우디아누스가 아무도 마음이 상하지 않도록 요령 있게 말했다. "그리고 우리의 공통 자랑거리를 맛봅시다. 황제 숭배를 위한 속주 신전이 로마의 아시아 속주에 딱 세 개 있는데, 그 신전을 우리 세 도시가 유치하는 특별 대우를 누리고 있으니 말입니다. 신격화된 황제들을 위한 지방 신전들은 속주 전체에 널려 있지만, 황제들께서 친히 흠 없는 우리 세 도시를 선택해서 네오코로스라는 칭호를 부여하셔서 황제 숭배를 수호하고 보전하게 하셨소."

최고 집단의 내부 순위에 대한 논쟁은 마무리되지 않았지만, 에베소 사람, 서머나 사람, 버가모 사람 들은 서로 포도주 잔을 들고 마시면서 세 도시가 속주에서 최고 자리에 성공적으로 올라간 일을 축하하며 건배했다.

클라우디아누스가 다시 한 번 집사에게 신호를 보내자, 집사는 잠시 눈에 띄지 않게 물러갔다.

"버가모에 있는 로마와 아우구스투스 속주 신전 대사제께서 다음 달 초하루에 이곳에 오셔서 에베소의 아우구스테리온에서 제의를 직접 집전하시겠습니다." 니콜라우스가 전했다. "그 다음 날이 우리 주인이시요 신이신 도미티아누스의 생신이고, 여러분의 훌륭한 신전이 문을 여는 날입니다." 니콜라우스가 전했다.

"나도 그 소식을 들었소." 아리스티온이 말했다. "나와 함께 도미티아누스 신전 개관식에 참여하는 영예와 호의를 대사제께 제공해 드리고 싶소이다."

프리타네이온 노예들이 이제 주요리가 담긴 쟁반을 들고 나타났다.

"이 밤에 여러분이 즐기시도록 오늘 희생 제물의 가장 좋은 부위를 따로 남겨 두었소이다." 클라우디아누스가 큰 소리로 알리면서 고개를 끄덕여서 집사가 설명하게 했다.

집사가 음식을 차례로 가리키며 크게 말했다.

"노간주나무 열매 시럽과 포도주를 넣어서 구운 쇠고기 안심, 얇게 썰어 허브 국물에 담가 약한 불로 익힌 소의 심장, 마늘과 양파와 올리브와 함께 갈아 불에 살짝 익힌 소의 간, 생강과 포도주로 밑간해서 기름에 졸여 살짝 지진 송아지 췌장입니다. 저희가 애써 준비한 음식이 나리들을 즐겁게 해 드리기를 바랍니다."

"오늘 우리가 황제의 식탁에 함께하게 하시니, 신성한 아우구스투스께 다시 감사드립니다." 클라우디아누스가 예의 바르게 말했다.

노예들이 손님들에게 각각 요리를 덜어 주고 잔에 포도주를 다시 채워 주고 있을 때, 세라피온이 용기를 짜내어 민감한 문제를 거론했다.

"우리 에베소가 이제 속주 신전이라는 명예를 얻게 되어서 무척 기쁩니다. 다만 저로서는 버가모가 우리 중에서 가장 먼저 황제를 그와 같이 공경하자고 1세기 전에 제안했기 때문에 우월한 지위를 보유한다는 주장을 못마땅하게 여기지 않습니다."

세라피온은 생각에 잠겨 잠시 말을 멈췄다.

"허나 제가 정말 못마땅한 사실은 우리 중에 신을 무의미하게 여기는 자들이 있다는 것입니다. 그자들은 우리가 황제들에게 보이는 공경을 허식으로 여기고, 오늘 우리의 축하 행사를 경멸 어린 눈초리로 바라보았습니다."

가장 먼저 아우렐리아누스가 세라피온이 무슨 말을 하는지 짐작했다.

"우리 시들에 있는 유대인들을 말하는 거요? 편협하고 반사회적인 무신론자들로, 우리 신들은 많은 막대기와 돌일 뿐이라고 여기는 자들?"

함께 식사하던 이들 다수가 콧방귀를 뀌면서 아우렐리아누스의 추론과 그들 중에 있는 단일신론자들에 대한 묘사에 동의했다.

세라피온이 대답했다. "유대인들은 **태생적으로** 어리석습니다. 우리의 고귀한 황제들께서는 유대인들에게 관용을 베풀어 주셨고, 심지어 유대인들이 배은망덕하게도 로마의 평화를 거스르는 반역을 일으킨 후에도 권리를 보장해 주셨습니다. 그보다도 저는 한때 정직하고 신들을 경외하던 그리스인들과 로마인들이 종교에서 등을 돌리고 있는 일을 생각하는 중입니다."

"그리스도 사교(邪敎)군요." 니콜라우스가 조심스레 말했다.

"바로 그겁니다."

"허나 그들은 또 다른 유대교 분파에 불과하지 않소?" 클라우디아누스가 이의를 제기했다.

"서머나에 있는 유대인 사회에서는 그렇게 말하지 않을 거요." 아우렐리아누스가 끼어들었다. "유대인들은 자기네가 서머나에 있는 그리스도의 추종자들과 상종도 하지 않노라고 분명히 밝혔소이다."

"그래서 저는 왜 그자들을 우리 사이에서 계속 묵인해 주는지 모르겠습니다." 세라피온이 말했다. "우리 시들은 서로 경쟁적으로 특정 황제에게 특별한 신전을 지어 드리겠다고 하면서도, 우리 신전과 신앙심에 침을 뱉는 외골수 집단은 보고도 못 본 체합니다. 황제께서 이 사실을 아신다면 우리 시들의 백성 사이에 일치와 올바른 종교를 강제하지 않은 일을 놓고 당연히 책망하실 겁니다."

식탁에 둘러앉아 있던 몇 사람이 고개를 끄덕였고, 세라피온이 암시적으로 제기한 이의에 맞장구치며 툴툴댔다.

니콜라우스는 그렇게 의견이 일치되어 넘어가도록 놔둘 수 없었다. "조금 전에 저희는 구별을 유지하는 것이 중요하다고 이야기하고 있었습니다. 어느 한 집단의 사람들을 모조리 도매금으로 취급하지 않도록 주의하시기를 권합니다."

"무슨 뜻으로 말씀하시는 거요?" 클라우디아누스가 물었다.

"여러분, 바로 제가 그리스도의 신봉자라는 사실을 알게 되신다면 놀라시겠습니까?"

다들 놀라서 말을 못했다.

결국 세라피온이 조심스레 말을 꺼냈지만, 이 버가모 사람이 농담을 하고 있는 것은 아닌가라는 생각이 들었다. "그리스도인이면서 어떻게 아우구스투스의 제사장도 될 수 있소?"

"'그리스도인'이라는 이름이 붙었다고 해서 모두 신들과 황제들을 부인하는 것은 아닙니다. 사실상 그리스도도 이 세상에 사람으로 계실 때 제자들에게 하나님의 것은 하나님에게, 카이사르의 것은 카이사르에게 바치라고 가르치셨죠."

클라우디아누스는 이 새로운 정보에 놀라서 저절로 신음이 나왔다. 다른 고관들도 설명을 더 듣고자 아무 말 없이 집중하며 앉아 있었다.

"말씀하신 것처럼 그리스도도 유대 민족 출신이고, 유대 민족의 특징인 무신론에 일부 그리스도인들이 똑같이 물들어 있지만, 일반적인 상황은 아닙니다. 저 같은 다른 그리스도인들은 공동의 번영을 좌우하는 당국에 다른 사람들처럼 도움을 줄 수 있고, 신들에 대해서도 의무를 다할 수 있습니다." 니콜라우스가 자기 경우를 더 강조해서 말했다. "버가모에 있는 그리스도의 제자들 중에는 저와 생각이 같은 이들이 꽤 있고, 제가 분명히 알기로는 두아디라에도 그렇습니다. 두아디라의 어느 재력가 여성은 그리스도 제자 무리가 배타적인 성향을 억제하도록 도와주고, 시의 만신전에 더욱 건전하게 경의를 표하도록 보살피고 있습니다."

"그렇다면, 그대 같은 사람에게 이 이방 사교가 무슨 매력이 있는 거요?" 세라피온이 물었다.

"저희는 국가와 공공의 안녕 보전이 신들과 신성한 황제들에게 달려 있다는 사실을 전적으로 인정할 수 있습니다. 하지만 이 세상에서 개개인의 운명과, 훨씬 더 절박한 죽음의 저편에 대해서는요? 그리스도는 죽었다가 다시 살아나서 죽음이 끝이 아니며, 우리 평생에 죽음에 대한 두려움이 우리를 괴롭힐 수 없음을 확신시키셨습니다. 이런 은혜 때문에 저는 그리스도를 경배합니다. 황제들께서 인류에게 베푸신 위대한 은총을 경배하면서도 말입니다."

"아우구스투스 숭배 의식에서 그대의 지위가 어떠한가를 생각하면 그대의 말에는 반박할 틈이 없소이다." 세라피온이 수긍했다. "허나 에베소에서는 그리스도인이라고 알려진 이들이 모두 그대처럼 신앙심이 깊은 것은 아니오."

"황제 숭배 때 대부분 제 곁에 있던 동료인 여러분에게 부탁드리고 싶은 사항은, 어느 단체든 그 단체에서 가장 형편없는 사람을 보고 판단하지 말아 달라는 것입니다. 그렇게 판단한다면, 어느 단체, 어느 민족이 나쁜 평판을 피할 수 있겠습니까?"

"타당한 생각이오." 클라우디아누스가 인정했다. "로마의 신들은 다른 신들을 질투하지 않소. 로마의 신들을 질투하지 않는 신들이라면 말이오."

나머지 손님들도 니콜라우스의 설명을 수긍하며 고개를 끄덕였다. 클라우디아누스가 다시 집사에게 신호를 보내자, 프리타네이온 노예들이 남은 주요리를 치우고, 손님들이 손끝을 씻을 물그릇을 가져오고, 그 지역에서 생산한 갖가지 과일을 저며서 견과와 대추야자 시럽을 곁들인 음식을 차리기 시작했다. 포도주 잔이 다시 가득 채워지고, 지역과 속주의 정치를 논하는 대화가 밤이 깊도록 오래 이어졌다.

그렇지만 그 저녁 내내 세라피온이 떨쳐 버릴 수 없었던 생각은, 다른 그리스도인들, 예를 들어 여기 니콜라우스 같은 이들은 신들에게 마땅히 드려야 할 것을 드리는 데 전혀 어려워하지 않는데, 그의 이웃인 아민타스의 마음에는 공익을 거스르는 적의가 얼마가 깊이 도사리고 있느냐 하는 것이었다.

2. 로마의 신앙, 로마의 평화

카이사로스 2일, 10월 초하루 8일 전(9월 24일)

세라피온의 타운하우스에서

세라피온은 늦잠을 자는 호사를 누렸다. 타운하우스 이층 나무 바닥에서 주인의 발소리가 들리자 세라피온의 노예 파르메논이 시중들 준비를 했다. 파르메논은 안뜰 끝자락 모퉁이 돌계단을 올라, 안뜰이 내려다보이는 이층 복도 중간까지 걸어가서 주인 침실의 나무 문을 두드렸다.

"들어와."

파르메논은 믿음직한 노예로 이십 년 전부터 집안 살림과 가정 노예들을 책임지고 있었다. 파르메논이 경첩을 따라 안으로 문을 열었더니, 침실 북쪽 높은 벽의 위쪽에 있는 작은 구멍 두 개에서 어슴푸레 빛이 비치고 있었고, 주인이 그 빛에 의지해서 옷을 입고 있었다.

"안녕하십니까, 주인(dominus) 나리. 편안히 주무셨습니까?"

"잘 잤어. 자네 주인마님은 일어난 지 얼마나 되었는가?"

"마님은 아까부터 일어나 계십니다. 지금은 크레우사와 에이레네한테 오늘 살 것과 식사 준비를 지시하고 계십니다."

파르메논이 앞으로 다가와서 주인의 망토 주름 매무새를 가다듬었다.

세라피온이 미소 지었다. "거울보다 파르메논 자네가 더 믿을 만하군."

"감사합니다, 주인 나리. 안뜰에 아침상을 차려놓았습니다만, 거기에서 잡숫고 싶으실지…."

"좋아. 에우플루스를 거기로 데려오게."

"그러겠습니다, 주인 나리. 어제 나리를 언짢게 해 드린 일 때문에 녀석을 야단치고서, 저녁 식사를 주지 않았습니다."

"수고는 고맙지만, 그 정도로 쉽게 벌을 면해 주지 않겠어."

파르메논은 "채찍도 가져오겠습니다, 주인 나리."라고 말하면서 가볍게 절하고 돌아서서 주인의 명령을 수행하려고 물러갔다.

"그리고 아직 아들이 근처에 있다면 데려오게." 세라피온이 파르메논 뒤에 대고 소리쳤다.

세라피온은 복도로 들어가서 탁 트인 안뜰에서 올라오는 상쾌한 공기를 들이마셨다. 계단을 내려가서 안뜰 적당한 자리로 건너갔다. 거기에는 작은 탁자에 무화과, 올리브, 견과류, 갓 구워 아직 김이 오르는 빵, 적당히 희석한 포도주 한 잔이 쟁반에 놓여 있었다. 세라피온은 방석을 마련해 둔 돌 벤치에 앉아 무화과를 먹기 시작했다.

파르메논이 집 안마당[1]과 현관 쪽에서 나타났고, 그 뒤로 십대 사내아이가 수수한 튜닉 차림으로 땅바닥만 쳐다보면서 따라왔다. 두 사람 뒤로 이십대 초반 젊은이가 표백이 잘된 세마포 튜닉을 당당하게 차려입고 오고 있었다. 세 사람이 세라피온 앞에 섰다.

"아버지, 안녕히 주무셨어요?"

"히피쿠스, 잘 잤느냐. 그래, 푹 자고 나니 아주 좋구나."

세라피온이 자리에서 일어나서 십대 아이 앞에 서자, 아이는 고개를 더 숙였다.

"에우플루스, 뭐 할 말 없느냐?"

"주인 나리, 언짢게 해 드려서 죄송합니다." 노예 소년이 힘없이 말했다.

---

[1] 아트리움(atrium), 고대 로마의 주택에서, 길에서 집으로 들어갔을 때 처음 만나는 정원 - 옮긴이

사진 2.1. 테라스 하우스 하나에 있는 안뜰에서 떨어져 있는 방들 전경

"나를 언짢게 했다?" 세라피온이 냉랭하게 말했다. "그 동사는 네가 내 말대로 하기는 했지만 일을 제대로 해내지 못했을 경우에 쓰도록 남겨 둬야지. 너는 내게 불순종했어. 너는 나를 **거역했지.**"

에우플루스는 고개를 살짝 끄덕여서 그 책망을 인정하더니 얼굴을 들고서 주인을 똑바로 쳐다보았다.

"저는 주인 나리가 시키시는 일은 죄다 부지런히 해내려고 노력했어요." 에우플루스가 차분하게 말했다. "하지만 주인 나리가 저한테 하나님께 불순종하라고 명령하시는데 어떻게 나리에게 순종하죠? 주인 나리는 제가 영혼을 잃기를 바라시면

안 됩니다!"

"영혼?" 세라피온이 코웃음 쳤다. "너는 **몸뚱이**에 불과해. 그 사실을 일깨워 주고 싶군."

세라피온이 파르메논을 바라보자, 파르메논이 앞으로 걸어와 에우플루스의 어깨를 쳐서 바닥에 쓰러뜨리고서 에우플루스의 튜닉을 걷어 올려 등허리가 드러나게 했다. 그러고서는 주인에게 두꺼운 가죽 채찍을 내밀었다.

"아니, 히피쿠스에게 주게."라고 세라피온이 소리쳤다. "아들아, 반항하는 노예를 다루는 법을 배워야 한단다. 오늘부터 시작할 수 있겠구나."

히피쿠스는 머뭇거리다가 순순히 채찍 끝부분을 손바닥에 두 번 감고 팔을 들어서 채찍으로 에우플루스의 등판을 신통치 않게 내리쳤다.

"아니야, 아들아. 온 힘을 다해 채찍으로 땅을 내려치듯이 그놈의 등을 채찍으로 쳐야 해. 기억해라. 오늘 제대로 때려 줘야 너의 재산인 노예를 훗날 십자가나 경기장에서 잃지 않을 수 있어."

세라피온이 바라보는 가운데 히피쿠스가 채찍을 단단히 쥐고는 더 세차게 내리쳐 노예의 맨살에 철썩 소리를 냈고, 그 소리가 안뜰 돌담에 메아리쳤다. 에우플루스는 아프기도 했지만 젊은 주인이 그 기술을 그렇게 금세 완벽하게 익혔다는 데 놀라서도 비명을 질렀다.

"바로 그거다."라고 말하면서 세라피온은 자리에 앉아서 포도주 잔을 손에 들었다. "그렇게 계속해."

히피쿠스는 노예의 등에서 맞은 자리가 부풀기 시작하는 것을 내려다보고서 다시 한 번 그 등을 똑같이 내리쳤다.

두 번째 비명이 울릴 때 이시도라가 서둘러 안뜰로 들어왔고, 크레우스와 에이레네가 그 뒤를 바짝 따라왔다.

"여보, 이게 다 도대체 무슨 일이죠?"

"이시도라, 잘 잤소? 당신이 오늘 아침에 너무나 조용히 일어나서 내가 꿈쩍도 안 했소. 이 노예한테는 다시 한 번 말해줄 사실이 있었을 뿐이오." 세라피온은 에우플루스를 위한다는 듯이 말했다. "주인의 지시는 계산한 다음에 선택할 사항이 아니라 반드시 순종해야 하는 명령이라고."

세라피온이 기대하는 눈빛으로 히피쿠스를 쳐다보자, 히피쿠스는 아버지가 바라는 대로 세 번째 채찍질을 했다.

"여보, 에우플루스는 아주 훌륭한 노예예요. 우리를 잘 섬기고, 공손하고 믿음직스러워요. 다른 행동은 아주 모범적이라는 사실을 감안해서 이번 한 번은 양심의 문제 때문에 잘못했으니 용서해 주실 수 있지 않나요?"

이시도라는 네 번째 채찍질 소리가 등 뒤에서 들리자 움찔 놀랐고, 곧이어 숨죽인 울음소리가 들렸다.

"이 놈은 주인한테 불순종한 노예요. 그런데 뜬금없이 여기에서 내가 문제라고? 내가 틀렸소? 이 여자야, 도대체 정신머리를 어디 둔 거야?"

세라피온이 묻는 말에 다섯 번째 채찍질이 배경 음악으로 들렸다.

"놈은 모든 일에서 내가 지시하는 대로 가야만 하고, 내가 바라는 어떠한 일에든 불명예를 안겨서는 안 되지." 세라피온은 화가 난 채 방석에 앉았다. "당신도 마찬가지고."

"마님, 괜찮습니다." 에우플루스가 불쑥 말했다. "하나님의 명령을 생각하기 때문에 부당하게 고난을 당할 때 하나님이 은혜를 주시니까요. 하나님을 영광스럽게 하는 대가이니 저는 이 일도 달게 받습니다."

세라피온은 자기 귀를 믿을 수가 없었다. 히피쿠스가 다시 팔을 들었지만, 세라피온이 손을 흔들더니 벤치에서 펄쩍 뛰어 일어났다.

"달게 받겠다고? 마치 네 놈한테 이 일에 **선택권**이 있는 듯이 말해? **부당하게**? 이 자리가 노예가 주인을 심판할 자리라도 된다는 거냐?"

세라피온이 아들에게서 가죽 채찍을 잡아채서 손에 두 겹으로 감더니, 노기등등하여 앞뒤로 휘둘러 에우플루스를 연달아 세차게 내리치자 맞은 자국이 가로세로로 점점 더 크게 부풀어 올랐다. 에우플루스는 비명을 지르느라 거의 숨을 들이쉬지도 못했다. 마침내 세라피온은 채찍을 파르메논에게 건네고, 에우플루스의 엉덩이를 거칠게 발로 차서 땅으로 고꾸라지게 했다.

"내가 식솔 전체한테 신성한 행진에 참여하라고 말할 때는 너도 포함되는 거다. 불순종은 선택 사항이 아니야. 이제 네 할 일을 해. 다시는 나를 시험하지 말고."

에우플루스가 튜닉을 다시 머리 뒤로 넘겨 내리려다, 맞아서 부풀어 오른 자리에 튜닉이 닿자 움찔 놀랐지만, 재빨리 일어서서 안마당 비질을 마무리하러 달려갔다. 매질을 당한 충격 때문에 다리가 후들거렸다. 파르메논이 에우플루스가 여전히 제구실을 할 수 있는지 확인하려고 뒤쫓아 가면서, 크레우사와 에이레네한테도 가서 할 일을 하라고 손짓했다.

이제 세라피온은 노예 때문에 아침보다 더 화가 난 상태로 자리에 앉았다.

"대관절 어떤 신이 주인을 거역하라고 노예들한테 가르친 담?" 코웃음이 나왔다. "세상의 질서와 벗하는 신이라면 그렇지 않지. 그런 신이 아니라면 반역자와 혼돈의 신일 테지."

이시도라는 눈이 휘둥그레진 채 여전히 양손으로 입을 감싸고 있었다.

"아민타스 때문이야." 조금 후에 세라피온이 덧붙여 말했다. "신을 믿지 않는 아민타스의 미신이 우리 식솔에게 전염됐어."

세라피온은 매주 첫째 날 밤이면 아민타스네 뜰에서 밤바람 속으로 울리던 낯선 노래들을 생각했다. 에우플루스가 귀 기울이는 모습이, 밤에 살금살금 나가서 그 불법적인 모임에 합류해서 취한 듯이 불온한 교리를 듣고 있을 모습이 떠올랐다.

히피쿠스가 말을 거는 바람에 세라피온은 상념에서 빠져나왔다. "아버지, 지금 김나지움에 가서 교관들을 도울 일이 있는지 살펴봐도 될까요?"

"가도 되고말고. 히피쿠스야, 즐거운 시간을 보내거라."

히피쿠스는 막 출발하려다가, 아버지 목소리에 다시 돌아섰다.

"아들아, 네가 자랑스럽구나. 아주 잘했어. 주인과 노예 사이의 본질상 차이점은, 실천은 고사하고 항시 기억하기도 쉽지 않아."

"아버지, 감사합니다." 히피쿠스가 나가면서 미소를 지었다.

세라피온은 다시 아침 식사 자리로 돌아왔다.

"아직도 기억이 생생하구려. 내가 열 살도 안 되었을 때인데, 시민 수천 명이 극장으로 몰려 내려가던 광경을 어떻게 보고 있었는지…." 세라피온이 아내에게 말하면서 마치 회칠한 벽돌을 꿰뚫어서 볼 수 있기라도 하듯이 타운하우스 앞쪽을 가리켰다. "이 그리스도 사교가 처음 에베소에 들어왔을 때, 참으로 항의가 엄청났지. 당시 사람들은 이 사교가 합당한 신앙심에 얼마나 위협이 되는지 이해했고 말이야."

이시도라는 마음을 추스르고서 남편 옆에 앉았다.

"우리는 너무 해이해지고, 너무 태평해졌소. 그래서 이 전염병이 퍼지고 있지. 음, 그런 일들을 모두 저지해야 해. 아민타스를 처리하는 걸로 시작할 수 있겠군. 옳지 않아. 신들을 전혀 존중하지 않는 사람은 이 도시에서 존경받을 자격이 없어. 신앙심 없는 야망, 그건 정직하지 못하지. 지난 밤 만찬에서 대화를 나누면서 좋은 생각이 떠올랐소."

세라피온이 새로이 결심하며 벤치에서 일어났다. "아민타스는 우리 시의 신들에게 다시 관심을 기울이게 되든지, 아니면 자기가 얼마나 불경해졌는지를 이 도시에 보여 주게 되든지 할 거야."

에베소 항구

"내일까지는 선생이 고용할 수 있는 날품팔이 일꾼이 한 명도 없겠어요." 항만 관리자가 자기 앞에 서 있는 제욱시스에게 말했다 "저한테 있는 마지막 가용 인원까지 저 배의 화물 하역 작업에 투입되었어요." 관리자가 손가락으로 가리켰다. "그리고 그 화물을 건설 현장으로 옮기고 있어요."

항만 관리자는 항만 건너편, 대충 원기둥 모양으로 절단한 18미터 길이의 거대한 붉은 화강암을 가리켰고, 제욱시스는 그쪽을 유심히 바라보았다. 이집트 채석장에서 출발할 때부터 특별히 설계한 화물선에 화강암을 계속 묶어 놓았다가 이제 엄청나게 큰 수레 위에 천천히 굴려 내리고 있었다. 제욱시스에게는 비슷한 화강암 두 개가 아직도 갑판 위에 있는 것이 보였다.

"배는 어젯밤에 입항했는데, 항구에서는 저 배 하역 작업을 우선으로 해야 했어요. 그 뒤에는 알렉산드리아에서 온 배 두 척이 더 매여 있고요. 이 돌기둥들은 죄다 하버 거리(Harbor Street) 조금 위쪽에 새로 짓는 김나지움과 복합 목욕 시설을 위한 것이죠."

제욱시스가 한숨을 쉬었다. "운에 맡기고 광장에 가서 인력을 구해 봐야겠군요. 그러는 동안에 배를 앞바다에 정박시키라는 요구가 없었으면 좋겠군요."

"당연하죠, 당연하죠. 하역할 때까지 배를 부두에 놔두세요."

제욱시스는 고맙다는 표시로 고개를 끄덕였다. 항만 관리자는 널판을 지나 제욱시스의 배에서 내리더니 조금 전에 도착한 다른 배로 옮겨 갔다. 제욱시스가 태양에 그을리고 소금에 절여진 얼굴로 눈을 뒤룩거리더니, 대기 중인 선원들을 향해 돌아섰다.

"여러분은 오랫동안 안에 있었소. 갑판 아래 있는 것을 모조리 꺼내기 시작하시오. 나는 추가 인력을 구해 보겠소. 내가 누구든 이곳으로 보내면 여러분이 그들과 함께 계속 작업을 하고 있으면 좋겠소. 그래서 이번에는 화물 하역 작업이 중단되지 않았으면 좋겠소."

제욱시스는 외투를 벗어 던지고서 자기 선실로 들어가 화물 목록과 나무 상자를 찾아오더니, 널판을 걸어 내려가서 큰 돌과 시멘트로 만든 부두에 들어섰다. 부두의 반원형 길을 따라가면서 창고를 지나쳤다. 창고에는 흑해 남쪽 지역에서 가져온 곡식이 저장되어 있었으며, 로마로 수송할 준비가 되어 있었다. 황제의 노예들이 거대한 개미 행렬처럼 움직이며 창고에서 부두에 정박한 배까지 곡식 자루를 어깨에 메어 옮기고, 다시

다음 자루를 옮기기를 되풀이했다. 항해에 적합한 계절이 끝나기 전에 마지막 곡식 자루를 실을 것이다.

바로 그 너머에는 제욱시스의 배보다 상당히 더 큰 배에 거대한 대리석 평판들이 쌓여 있었다. 일부는 초록색, 일부는 분홍색, 일부는 흔한 흰색으로 모두 아시아 지방 전체에서 운영하고 있는 황제의 채석장에서 절단해 온 것들이었다. 상인과 선원 한 무리가 작은 신전에서 자기들의 수호신인 헤르메스(Hermes), 카스트로(Castro)와 폴룩스(Pollux) 쌍둥이에게 향과 곡식, 포도주를 바치고 있었다. 제욱시스는 앞으로 가려다가 가축 상인들이 양 떼와 돼지 떼를 몰아서 부두를 가로질러 어떤 배로 가는 바람에 멈췄다. 그 배에는 이미 사료를 가득 실어 놓았는데, 항해 내내 양과 돼지를 먹여 살려서 로마 식육 시장에 갈 때까지 신선도를 유지하려는 것이다.

이윽고 제욱시스는 거대한 삼중 아치문에 도착했다. 그 문은 에베소시의 상업 중심지로 이어지는 넓은 거리를 향해 열려 있었다. 문에서 바다를 향한 쪽에는 수입품을 처리하는 세관이 있었고, 제욱시스는 그리로 가서 길지 않은 줄 가장 끝에 점잖게 자리를 잡고서 신경 써서 세관장과 눈을 마주치고서 손을 흔들어 인사했다. 체구가 자그마한 세관장이 눈을 가늘게 뜨고 제욱시스의 얼굴을 바라보았다.

● 자세히 들여다보기 ●

티투스 플라비우스 제욱시스

히에라폴리스 북문 밖에는 주후 1세기 후반에 건립된 인상적인 묘(廟)가 하나 서 있는데, 거기에는 이런 비문이 있다. "상인[a]인 [T. 플라]비우스 제욱시스가 말레아(Malea)곶 너머 이탈리아로 72차례 항해한 후에 이 무덤을 자신을 위해, 자녀인 플라비우스 테오도루스(Flavius Theodorus)와 플라비우스 테우다스(Flavius Theudas)를 위해, 또 아무든지 이들과 함께 매장되기를 바라는 이들을 위해 마련했다."

제욱시스와 자손들이 지닌 플라비우스라는 이름은 아마도 제욱시스나 그의 아버지가 플라비아누스 가문의 해방 노예임을 표시하는 듯하다. 황제의 해방 노예는 해방 이전이든 이후든 번영을 누리기 좋은 위치에 있었다.

역사상 실존한 제욱시스

사진 2.2. 티투스 플라비우스 제욱시스의 묘. 히에라폴리스 북문 밖에 있다.

2. 로마의 신앙, 로마의 평화

가 자기 배에 무엇을 실어 날랐는지는 모른다. 히에라폴리스에 소유지가 있었다는 사실을 고려하면, 섬유 제품 운송업자였을 수도 있다. 고향인 에베소와 이웃인 골로새와 라오디게아가 섬유 제품으로 유명했기 때문이다. 약간 불편하기는 해도 시설이 더 좋은 서머나 항구를 제욱시스가 주요 항구로 삼을 수도 있었겠지만, 제욱시스에게는 에베소가 가장 친근한 항구였을 것이다.

a. 어쩌면 "노동자"(ergastēs)였을 수도 있다.

"아, 제욱시스! 로마에서 돌아왔군!"

"목숨도 화물도 무사하게 돌아왔으니, 하나님이 찬양받으시기를."

"이 신사분과 일을 마치고서 바로 나가겠소."

제욱시스는 고마워하며 고개를 끄덕이고서 줄에서 벗어나 세관 바깥에 있는 벤치에 앉았다. 문 옆에서 군인 넷이 무리지어 돌아다니는 모습이 보였다. 이들은 로마의 법과 법 집행을 상기시키고 있었고, 관세사들이 완력을 필요로 할 경우에 대비해서 주둔하고 있었다. 몇 분이 채 지나지 않아 세관장이 나타났다.

"로마에 별다른 소식이 있소?"

"니케포루스, 이번엔 직접 들은 소식이 없군. 바다가 아직 안전할 때 돌아오고 싶어서 오스티아(Ostia)항보다 더 멀리는 가지 않았으니까. 하지만, 그곳에 있는 동안 자네를 위해 재미있는 소문은 몇 가지 모아 왔소."

"제욱시스, 사람 감질나게 하지 말고 말해 주시오!"

"우선, 도미티아누스 황제가 로마에서 멀리 떨어진 티베르 강변에 인공 호수를 완공하고서, 공중 오락을 위해 해군 전투를 무대에 올렸소이다."

"로마에 사는 사람만 그런 놀라운 광경을 볼 수 있었겠군." 니케포루스가 감탄하며 말했다. "하지만 그 소식은 이미 들었소."

"그렇다면 베스타 여신 사제 하나가 상습 간통죄로 고발당하고, 황제가 재판하신 일도 들으셨소? 그 여자는 지하 묘지에 생매장되고, 여자의 여러 애인들은 중심 광장에서 릭토르(lictor)[2]들의 막대기에 맞아 죽는 형을 선고받았소."

"당연히 그래야지! 베스타 여신을 담고 있는 신성한 사람들을 그렇게 모독하고서 벌을 받지 않을 수는 없는 노릇이니."

"아, 가장 중요한 소식이 있군!" 제욱시스가 막 생각난 듯이

---

[2] 로마에서 행정관들을 수행하며 경호하던 직책. 행정관의 위엄의 표시로 막대기 묶음인 파스케스를 들고 다녔다. - 옮긴이

말했다. "게르만 지방 부대의 반란 장군 루키우스 안토니우스 사투르니누스가 일으킨 반역이 완전히 진압되었소. 도미티아누스 황제가 사투르니누스의 머리를 시민 광장의 연단에 전시해 놓으려고 그 시체를 로마로 가져왔고."

"우리의 주인이자 신인 황제에게 맞서는 모든 자들에게 신들이 똑같이 행하시기를…. 제욱시스, 고맙소. 당신네 뱃사람들이 앞으로 다섯 달 동안 죄다 뭍에서 겨울을 나는 동안 나는 세상에서 벌어지고 있는 일을 듣지 못해서 몹시 서운할 거요."

"허나 니케포루스, 나는 자네에게 소식만 수집해서 전해 주는 건 아니네."

제욱시스가 갖고 있던 나무 상자를 꺼내 걸쇠를 풀고 뚜껑을 열었다.

"아니!" 니케포루스가 속이 훤히 보이게 기뻐하며 말했다. "정말 아름답군!"

제욱시스는 상자를 닫고서 친구에게 건네주기 전에 청색 유리로 만든 포도주 잔 두 개에 비치는 자기 모습을 내려다보았다. 포도주 잔은 톱밥과 왕겨 속에 포장되어 있어서 이탈리아에서 오는 두 주 동안의 항해에도 안전하게 보존되었다.

"아마 자네는 아내와 함께 오늘 밤 내 건강과 행운을 위해 건배해 주겠지."

"제욱시스, 그렇게 하겠네. 자네의 장수를 위해서도."

제욱시스가 니케포루스에게 자신의 화물 목록이 실린 서판을 건넸다.

"아, 제욱시스, 아주 좋군. 납부할 금액을 오늘 오후까지 계산해 놓겠소. 그동안 화물 하역을 시작해도 좋소. 평소처럼 이번에도 실사는 안 하도록 하지."

니케포루스가 통관을 마쳤음을 뜻하는 자그마한 통관 증서를 건네주자 제욱시스가 어깨에 메고 있던 가죽 돈주머니에 넣었다.

"니케포루스, 언제나처럼 협조해 주어서 고맙소."

"자네 같은 친구를 위해서라면 이 정도는 해 줄 수 있지."

제욱시스가 미소를 지으며 삼중 아치문을 통과해서, 에베소 시로 이어지는 포장도로에 올라섰다. 도로는 큼직한 흰 돌이 깔리고 너비가 적어도 십 미터는 되었다. 세관 관리와 친구가 되고 꾸준히 선물을 주면서 친분을 유지한 덕분에 에베소항을 드나드는 일은 물론이고 신고하지 않은 화물을 옮기는 일도 상당히 용이했다.

오십 걸음도 채 가지 않았을 때, 왼쪽으로 목욕탕과 김나지움 복합 시설이 거리에 늘어선 창고와 상점들보다 높이 지어지고 있는 모습이 눈에 들어왔다. 이 거리를 마지막으로 거닌 이후로 붉은 화강암으로 만든 원기둥 두 개가 더 세워져 있었는데, 석공이 상당히 시간을 들여서 돌의 거친 표면을 매끈하게 광택이 나게 마무리했다.[3] 대중목욕탕은 전보다 벽돌을 더 높이 쌓아올린 것 같아 보였다. 그래도 벽돌을 대리석으로 덮고 작업을 마무리하려면 분명 최소 2년은 걸릴 것이다.

수레들이 각종 화물을 부두에서 장터 광장으로 실어가며 느릿느릿 움직였고, 제욱시스는 그 사이 사이로 걸어가면서 부두로 화물을 옮기는 수레 행렬에 휩쓸려 들어가지 않도록 조심했다. 제욱시스가 아는 선원 둘이 길 한쪽에서 큰 돌을 깎아 만든 판에서 게임을 하고 있었다.

"아직 아침이네, 이 사람들아!" 제욱시스가 장난스러운 말투로 꾸짖었다. "돌판 위에서 돌조각을 밀면서 노느니 더 생산적인 일을 할 시간이네!"

선원 하나가 유들유들하게 대꾸했다. "유곽이 문을 닫아서 선술집이 문을 열 때까지 그 시간을 때우고 있는뎁쇼?"

"그러면 돈을 좀 가지고 시내에 가야지? 유곽이랑 선술집에서 쓸 돈이 더 필요하지는 않은가? 더 등급이 높은 포도주와

---

[3] 이러한 화강암 기둥을 아직도 터키 이스탄불에 있는 하기아 소피아(Hagia Sophia)에서 볼 수 있다. 이러한 거대한 원기둥 몇 개를 에베소에서 옮겨서 새로 웅장하게 지은 바실리카 장식용으로 용도를 변경했다.

사진 2.3. 한때 에베소의 하버 대중목욕탕을 장식했지만, 콘스탄티노플(이스탄불)에 있는 하기아 소피아 성당을 위해 용도 변경된 원기둥 일부.

여자를 사는 건?"

그 선원이 대답했다. "더 좋은 포도주나 여자는 필요 없지만, 포도주나 여자가 더 많은 건 마다하지 않습죠. 일거리를 주시려고요?"

"그렇지, 내 돈이 훌륭한 목적을 위해 쓰이리라는 사실을 알았으니. 내 선원이 화물을 하역해서 창고로 옮기는 일을 도와주면 좋겠군. 지금부터 일하면, 일당으로 한 데나리온씩 주지."

제욱시스가 다음 선원이 게임판에서 어떤 위치에 있는지 세심하게 살폈다. "이 12게임을 하는 것보다 일을 더 잘 해낸다면."

"제11시까지만 끝난다면, 괜찮습니다요."

"그렇다면 좋소. 부두에서 왼쪽으로 가서 곡물 창고를 지나 '레비아탄'이라고 불리는 배를 찾아보게나. 내 선원들이 거기에서 일하고 있네. 내가 지금 막 고용한 다른 사람들보다 먼저 가야 하네. 나는 처음에 고용한 여섯 명한테만 품삯을 줄 거라서."

제욱시스는 다시 걸어가다가, 두 선원이 급히 게임용 말을 주워 모으더니 큰 문으로 급히 가는 것을 보고 혼자 웃었다. 앞을 보니 거대한 극장이 더 아래쪽 시(city)보다 위에, 하버 거리 위쪽에 솟아 있었다. 삼 층짜리 무대 건물 꼭대기 너머를 바라보자 반원형 계단식 좌석 가장 위쪽에 사람들이 흩어져 있었다. 아마도 상연 중인 연극을 보고 있을 터였다. 저장 공간으로 빌린 창고를 지나가노라니, 특이한 화물이 항구를 향해 아래쪽으로 이동하는 모습이 눈에 들어왔다. 남자 삼십 명가량이 발에

사진 2.4. 극장에서 항구로 이어지는 에베소의 중심 거리 전경

족쇄를 차고 목은 쇠사슬로 연결된 채 이동하고 있었다.

제욱시스는 20여 년 전 고향 가이사랴로 돌아간 기분이 들어, 유쾌하던 기분이 확 날아갔다. 당시 그는 총독 관저 소속 황제 노예였으며 조타 기술이 있어서, 갈릴리 사람 전쟁 포로 수만 명을, 반란군이건 무죄한 이들이건 모조리 로마 노예 시장 판매용으로 수송하는 작업에 투입되었다. 항해 내내 자기를 빤히 쳐다보던 얼굴들이 생각났다. 어떤 이들은 동포의 신분을 격하시키는 일에 참여한다고 비난했으며, 어떤 이들은 자기가 해 줄 수 없는 일을 해 주기를 바라는 눈빛으로 애원했다.

그는 잠시 걸음을 멈추고 마음을 가다듬고서, 그 끔찍한 세

월에서 벗어나게 해 준 조치들을 떠올렸다. 전쟁 동안에 전혀 겁내지 않고 임무를 수행했다며 베스파시아누스가 황제 자리에 오르면서 뜻밖에도 제욱시스를 가족과 함께 해방시켜 주었다. 제욱시스는 유대에 남아 베스파시아누스의 아들인 티투스를 섬겼으며, 베스파시아누스는 반란 진압을 마무리하라고 티투스를 남겨 두고 떠났다. 당시 노예 상인들은 병든 짐승 주위에 독수리가 모이듯이 떼로 모여서, 자기들이 산 노예 수송을 직접 처리하고 있었으므로, 다행스럽게도 제욱시스는 주로 티투스의 군대에 필요한 식량을 가이사랴에 가져다주는 일에 관여했다. 일 년 후 티투스가 승리를 거두자, 제욱시스는 떠나게 해 달라고 부탁했다. 티투스는 그 말을 이해했다. 사실 적이 최후까지 자기에게 맞섰기에, 티투스는 장군으로서 제욱시스에게 놀라울 정도로 공감을 느꼈고, 선물을 넉넉하게 주어서 가족과 함께 보내 주었다. 그 덕분에 제욱시스는 아시아에서 비교적 수월하게 사업을 일굴 수 있었다.

   제욱시스는 심호흡을 한 후에 계속 걸어 하버 거리 위쪽에 이르렀다. 왼편에는 에베소 최상류층의 아들들이 오래된 김나지움 연습장에서 레슬링 동작을 연습하고 있었는데, 목욕을 하고 강의실과 건물의 주랑 현관에서 늦은 아침 강의를 들으려고 이내 운동을 끝낼 것이다. 이윽고 오른편에 연결 도로가 있어서 거대한 장터 광장으로 이어졌다. 제욱시스는 아주 널찍한 정방형 공간으로 이어지는 문을 통과했다. 각 면은 백 미터보다 길었으며, 가장자리에 있는 주랑 현관은 지붕이 덮이고 이중 통로로 되어 있었다. 주랑 현관 네 개 중 세 개의 뒤편을 죽 따라서 둥근 천장으로 덮인 상설매장 육십 개가 운영 중이었다. 남쪽과 동쪽 주랑 현관 위쪽에는 이층이 있어서 더 많은 전면 점포를 임대로 내놓았다.

  제욱시스는 널따란 광장으로 걸어 들어가 낮 시간 노점상들이 물건을 팔려고 차려놓은 수레와 가판대 사이로 갔다. 아직 아침을 안 먹었으므로 몇몇 음식 수레에서 머뭇거렸지만, 목적지를 향해 광장을 계속 가로질러 갔다. 광장 한가운데 클라우디우스 황제상(像)이 서서 오늘 자기 발밑에서 열리는 가축 시장을 지켜보고 있었다. 제욱시스는 나란히 서 있는 도자기 노점상의 가판대 사이를 헤치고서 아고라노모스(agoranomos)[4]인 헤르모티무스의 이름이 붙은 큼직한 우리로 갔다. 헤르모티무스는 광장에서 저울추와 영업의 공정한 시행에 관한 책임을 맡고 있었다. 제욱시스가 울타리와 노점상 수레 사이를 비집고 그 자리 주위로 불편하게 걸어간 후에, 드디어 울타리 뒤쪽, 특

---

4 고대 그리스와 비잔틴 제국에서 아고라(시장)의 질서를 다스리던 선출직 관리 - 옮긴이

별 상점 맞은편에 있는 서쪽 주랑 현관에 들어설 수 있었다. 인접 전면 점포 네 개 크기 정도로 확장한 상점이었다. 상점 탁자에는 고급 모직 제품이 쌓여 있었고, 그 앞에 도매업자 두 명이 서 있었다.

"한 벌에 여섯 데나리온." 그리스인 구매자인 티몬이 값을 제안했다. "내가 콜로폰에서 그 값에 팔고 있소."

"일곱 데나리온." 올리브색 피부를 지닌 이탈리아 상인이 천연덕스럽게 더 비싼 값을 제안했다.

"댁이 여기에 있지 않았다면, 난 이 물건들을 한 벌에 다섯 데나리온씩 주고 사서 갔을 거요!" 그리스인 구매자 티몬이 고함쳤다.

이탈리아 상인은 경쟁 상대에게서 돌아서서 탁자 뒤에 서 있는 상점 주인에게 미소를 지었는데, 그 주인은 삼십 대 후반에다 체격이 건장한 남자였다.

"데메트리우스, 그렇다면 오늘 내가 이 자리에 있으니 그대로서는 무척 다행이군. 통거리로 한 벌에 일곱 데나리온씩?"

상점 주인인 데메트리우스가 짧게 자른 검은 머리칼을 손으로 문지르더니 고개를 끄덕였다.

"티몬, 미안하게 됐습니다." 데메트리우스가 진심으로 말했다. "하지만 가장 비싼 값을 부른 데다 통거리니까."

사진 2.5. 이중 원기둥 현관이 장터 광장을 둘러싸고 있다.

사진 2.6. 대극장으로 이어지는 거리와 장터 광장 전경. 테라스 하우스에서 촬영.

"그러면 **아시아**의 콜로폰 사람들을 위한 아시아의 모직물은 하나도 없다는 거요? 도시마다 자기네 생산품을 에베소와 서머나로 보내서 수출을 하니, 콜로폰에서는 좋은 물건을 구하기가 힘들다는 걸 잘 알잖소?"

"다음 주 초에 오시죠. 그때까지는 라오디게아와 히에라폴리스에서 물건을 더 들여놓겠습니다."

"그 물건들도 모두 내가 사겠소." 이탈리아 상인이 차분하게 말했다.

"양이랑 염소도 모조리 사들일 작정이요?" 티몬이 부아가 치밀어 오르는 걸 숨기지 않은 채 물었다.

"그리스인이여, 내게는 이행해야 할 주문이 있고, 나는 구매자들을 실망시키지 않소. 내가 여기에서 얼마를 치르든지 값을 두 배로 쳐 주지 않을 때도 말이지. 내일은 고급 양모를 구하러 밀레도(Miletus) 시장에 갈 거요. 다음 주에 물건이 도착하면 한 벌에 여덟 데나리온을 주도록 하지. 사전 구매를 하는 편의의 대가일세. 또 내가 여기 있는 동안, 당신네 똑똑한 아시아인들이 만들 수 있는 내수성 우수한 직물도 몇 필이건 구할 수 있는 대로 전부 다 사겠네."

티몬은 데메트리우스가 무슨 말을 하기도 전에 성큼성큼 가 버렸다. 제욱시스가 느긋이 지켜보는 동안 데메트리우스는 이탈리아 상인에게 계산서를 적어 주고, 아우레우스(aureus)[5] 금화를 감탄스러울 정도로 많이 받고, 이탈리아인의 노예들이 옷 육십 벌과 함께 신고 가도록 모직 몇 필을 꺼내 주었다.

"로마인들이 리쿠스 골짜기의 부드러운 양모를 기막히게 좋아하는군." 제욱시스가 데메트리우스에게 다가가며 말했다.

"로마인들은 양모를 구해서 온몸을 덮을 수 있게 된 다음에도 양모가 필요하다고 할 거예요." 데메트리우스가 금화를 가게 뒤편 금고에 넣으면서 말했다.

"아, 데메트리우스 절대 걱정하지 마시게. 로마는 여러 속주에서 빼 온 재산을 다 써 버릴 수도 없을 테니."

"제욱시스, 돌아와서 반갑습니다."

두 친구는 포옹을 하고서는 서로 등을 도닥였다.

"저희 집에서 같이 저녁 먹고 손님방에서 묵으시겠어요?"

"데메트리우스, 고맙지만 오늘 밤은 안 되겠소. 배에 머물면서 화물을 창고에 들여놓고, 아침에는 선원들이 겨울 준비를 하게 해야 하네. 게다가 안식일에 도착했으니 오늘 밤에는 회당에도 가고 싶고. 다시 한 번 항해 철을 잘 넘겼으니 하나님에게 감사하고 싶으이."

---

[5] 로마의 1아우레우스는 25데나리온에 해당했다.

"그럼 내일 밤은 어떻습니까?"

"좋아. 그동안 일손 문제가 좀 있소. 오늘 부두에서 부릴 수 있는 짐꾼이 하나도 없거든."

"도울 사람을 제가 좀 모아 드릴 수 있을 겁니다."

노예 스물세 명이 서쪽 주랑 현관문을 지나 아고라노모스가 방책을 쳐 놓은 공터로 줄 서서 들어가자, 두 사람의 주의가 흐트러졌다. 헤르모티무스가 동쪽 주랑 현관 이층 자기 사무실에서 매매를 감독하러 내려왔는데, 허리춤 아래가 뒤뚱거렸다. 남자들 여럿도 주랑 현관 그늘에서 이 행사를 기다리며 앉아 있다가 노예들이 갇혀 있는 우리로 걸어왔다. 바로 근처에 있던 상인과 고객 태반이 오늘의 노예 시세에 관해 병적인 호기심을 나누면서 차츰 조용해졌다.

경매를 시작하기 전에 토가를 입은 사람 하나가 (데메트리우스는 그 사람이 티투스 플라비아누스 몬타누스임을 곧 알아보았다) 헤르모티무스를 가로막더니 귓속말을 했다. 헤르모티무스가 고개를 끄덕이고서 우리에 들어가 노예들을 살펴보고서 중개인에게 말하자, 중개인이 평범한 노예 스무 명을 골랐다.

"오늘의 경매는 노예 스무 명 한 묶음으로 시작하겠습니다." 헤르모티무스가 고지했다. "처음 입찰가는 이만 데나리온에서 시작할까요?"

• 자세히 들여다보기 •

에베소의 유대인 공동체

로마 시대에 에베소에 유대인 공동체가 있었다는 고고학상 증거는 거의 없으며, 얼마 안 되는 비문(碑文)과 한때 개인 소유물이었던 (토기 등잔이나 유리그릇 같은 것의) 조각에 보통 유대교의 상징(메노라[일곱 촛대], 쇼파르[뿔피리], 룰라브[나뭇가지 묶음], 에트로그[시트론 나무 열매])인 장식이 남아 있을 뿐이다.[a] 메노라를 새긴 대리석 덩어리 하나가 켈수스 도서관(2세기 초에 건설)으로 이어지는 계단의 일부에 있었다. 현대 여행자들이 흔히 듣는 설명에 따르면 그 대리석 덩어리는 유랑하던 유대인들이 지역 회당에 왔다는 표지이지만, 이 덩어리의 현재 위치를 보면 새 건물을 지을 때 이미 잘라 놓은 돌 조각을 재활용하던 관습의 결과물일 가능성이 더 크다. 그러나 유대인들이 상당히 의미 있게 존재했다는 문헌상 증거는 충분히 있으며, 특히 요세푸스의 『유대 고대사』(*Antiquities*)에 많다. 예루살렘 대제사장 요한 히르카누스(John Hyrcanus) 2세가 로마를 설득하는 데 성공하여 로마 시민이면서 에베소에 있는 유대인들의 병역 면제가 공식 승인되었으며(14.228), 그 후 주전 43년부터는 아시아에 있는 모든 유대인에게 적용되었다 (14.225-227).[b]

공화정 후기와 제정 초기 내내 유대인 공동체는 아시아 지방에서 성전세를 걷어서 유대로 계속 보낼 수 있는 권리도 거듭 확인받았으며, 여기에서 볼 수 있듯이 지역 주민들과 관리들이 그 권리에 계속 이의를 제기했다. 이들은 아마도 자기네 지방 신전은 훼손되어 무너지고 있는데 멀리 떨어져 있는 성전을 지원하는 데 상당한 액수의 돈이 가 버린다는 사실에 분개했을 것이다.c 이 보호 법령에서 특히 재미있는 대목은 (전체 속주를 대상으로 한 칙령에서) 아우구스투스와 (특별히 에베소에 전한 칙령에서) 아우구스투스의 오른팔 마르쿠스 아그리파(Marcus Agrippa)에게서 비롯되었는데, 이들은 유대인 공동체의 헌금 징수를 침해하면 신전 강도죄를 범한 것이며 망명이 금지된다고 선언했다(『유대 고대사』 16,162-168). 전반적으로 유대인들이 회집하여 조상에게서 전래된 관습을 따를 권리도 마찬가지로 확인받았다. 유감스럽지만 에베소의 유대인 인구를 추산할 수 있는 그러한 종류의 증거는 없다(이를테면, 에베소에서 특정한 해에 납부한 성전세의 대략적 총액과 같은 증거).

사도행전은 에베소에 있던 회당에 대해 말하면서 바울이 처음으로 에베소에 석 달 머무르는 동안 회당에 자주 갔다고 한다(행 19:8-10). 어느 비문에서는 에베소에 있는 '회당장'과 '장로들'을 언급하면서 그와 같은 집회 장소의 존재를 확증하지만 그 장소를 찾아내지는 못했다(가장 인기 있는 선택지 중에 유대교의 상징을 지니고 있는 유물을 발견한 장소가 있지만, 어느 것 하나도 확실하지 않다). 알렉산더와 같은 유대인에게는(행 19:33-34) 공공 집회 발언권이 있었던 듯하지만, 지역 종교를 향한 종교적 열의가 클 때는 바울을 향해 터뜨렸던 것과 동일한 분노로 유대인들을 침묵시킬 수도 있었다.

의도하지는 않았겠지만 사도행전은 에베소(그리고 로마의 아시아 지방)에 있던 유대인들이 예루살렘이라는 고국의 도시에 친밀감을 느꼈다는 증거가 된다. 바울이 오순절을 지키고자 제시간에 예루살렘에 도착하려던 목표를 이루었다고 추정하면, 사도행전 앞뒤에서 아시아 출신 유대인들이 순례하는 큰 명절인 오순절에 예루살렘에 있었다고 언급하기 때문이다(행 2:9; 21:27-29). 아시아에서 온 유대인들이 주도해서 바울에 대한 비상경보를 울렸다. 이들은 아마도 특히 에베소 출신 유대인들일 것이다. 이들이 이방인인 에베소 사람 개종자 드로비모가 바울과 함께 예루살렘에 있다는 (또 이들의 추정에 따르면, 바울이 드로비모를 성전 안뜰에 데리고 들어갔다는) 이유로 항의했으며, 드로비모가 이방인임을 알아보았기 때문이다.

---

a. Mark Wilson, *Biblical Turkey: A Guide to the Jewish and Christian Sites of Asia Minor* (Istanbul: Ege Yayınları, 2010), 216. 쇼파르는 속을 파낸 숫양 뿔로 만드는데, 여러 제의 의식의 일부로서 트럼펫 같은 소리를

내는 데 사용되었다. 룰라브는 아직 갈라지지 않은 종려나무의 긴 잎사귀이고, 에트로그는 레몬 비슷한 열매인데, 둘 다 숙곳 의식(Sukkot, 초막절)과 관련이 있다.
b. Jerome Murphy-O'Connor, *St. Paul's Ephesus: Texts and Archaeology* (Collegeville, MN: Michael Glazier, 2008), 80. 요세푸스의 저작에 나오는 에베소 유대인에 대한 참고 자료를 더 보고 싶다면 *Antiquities* 14.223-227, 228-229, 230, 234, 238-240, 262-264, 301-313, 314-317; 16.27-65; *Against Apion* 2.39; Mary Smallwood, *The Jews Under Roman Rule from Pompey to Diocletian*, 2nd ed. (Leiden: Brill, 1981), 138-43에서 유대인들의 권리와 보호에 대한 논의 참고.
c. John M. G. Barclay, *Jews in the Mediterranean Diaspora* (Edinburgh: T&T Clark, 1996), 266-269.

"헤르모티무스, 이게 뭐요?" 한 구매자가 화가 나서 소리 질렀다. "나는 노예 한 명을 사러 왔소, 스무 명이 아니라. 노예 스무 명을 한 묶음으로 사는 사람이 어디 있소? 그러면 나는 나머지 셋 중에서 골라야 하는 거요?"

몬타누스가 앞으로 걸어 나왔다.

"시민이여, 화내지 마시게나. 에베소에서는 다음 달에 신성한 도미티아누스를 기리는 경기가 열리기 때문에 노예가 많이 필요하오. 많은 싸움과 많은 죽음이 필요하지." 몬타누스는 더 많은 이들이 듣고 있다는 것을 의식한 채로 말을 이어 갔다. "허나 공연의 질은 절대 염려하지 마시게나. 이 노예들이 죽기 전에 관중을 어느 정도 즐겁게 해 줄 수 있도록 노예 무리를 제대로 부릴 전문가들이 있으니."

제욱시스와 데메트리우스는 그 노예 무리에서 누가 그리스어를 알아듣는지 분간할 수 있었다. 그 말을 알아듣고서 이내 불안해하는 모습이 보였기 때문이다.

몬타누스가 헤르모티무스 쪽으로 몸을 돌렸다.

"이만 데나리온."

"이만 오천 데나리온 있습니까?" 헤르모티무스가 물었다.

예상 가능했던 침묵이 이어졌다.

"값을 더 부르실 분 없습니까? 그렇다면 티투스 플라비아누스 몬타누스에게 낙찰되었습니다."

"이보시오, 시민 여러분!"

사람들은 우리에서 진행 중인 경매에 집중하고 있다가, 한 장인(匠人)이 자기 가게에서 걸어 나와 주랑 현관에서 외치는 모습으로 눈을 돌렸다.

"당신네들에게는 '로마의 평화'가 **거기에 있군**. 한 시간짜리 재미를 위해 죽어 가는 스무 명의 목숨에!"

"디오도토스, 조용히 하시오!" 향과 향신료를 파는 상인이 소리쳤다. "자네 굴로 다시 기어들어 가라고."

"이 노예들은 신의 탄신일 기념식을 장식하면서 고귀하게 죽을 것이오." 몬타누스가 애써 설명하려고 했다. "한마디 더

하자면, 이곳에 있는 그 신의 신전 덕분에 우리의 경쟁 도시들이 우리를 두고서 주장하는 말을 하지 못하게 되었소."

"대사제시여, 말해 봤자 입만 아프십니다." 향을 파는 상인이 몬타누스에게 말했다. "여기 있는 디오도토스는 우리 신들의 탄신일에 무화과 한 개도 바친 적이 없습죠. 저자는 어제도 새해 첫날이 그저 그런 장날인 듯이 여기 있는 자기 가게에서 종일토록 일했고요."

데메트리우스는 자기 자신과 제욱시스에게 당장 급한 문제를 상기시켰다

"화물 하역에 일손이 필요하다고 하셨던가요?"

데메트리우스는 재고 담당 일꾼을 두 명 불렀다.

"수레 두 대를 부두로 가지고 가서 제욱시스의 선원들을 도와주게. 제욱시스가 자네들한테 배를 알려 줄 거야."

데메트리우스가 다시 제욱시스에게 시선을 돌렸다.

"곧 아내가 여기에 올 거예요. 아내한테 가게를 맡기고 일손을 더 모아서, 가능한 한 빨리 직접 부두로 내려가 보겠습니다."

"데메트리우스, 고맙네. 나중에 자네를 다시 찾아오겠네."

제욱시스는 어린 친구와 악수하면서 자기가 제안하려던 일을 다시 생각했다. '그래, 시기와 사람, 둘 다 이 일에 딱 맞겠군.'

· · ·

제욱시스가 돌아서서 재고 담당 일꾼들을 데리고 서쪽 문으로 나가서 항구로 이어지는 보조 도로로 내려가자, 데메트리우스는 디오도토스에게 시선을 돌리면서 디오도토스가 또다시 대놓고 말한 결과에 대해 걱정했다. 가만 보니 향을 파는 상인이 헤르모티무스에게 눈짓하자, 헤르모티무스가 무언의 계획에 동의하며 고개를 끄덕이고 다른 쪽으로 걸어가 버렸다. 향을 파는 상인이 자기 일꾼 둘과 눈빛을 교환하고서는 느닷없이 디오도토스 쪽으로 움직였다. 그들은 일어서서 디오도토스에게 다가가 일으켜 세우고서는 서쪽 문을 지나 광장 밖으로 끌고 갔다.

데메트리우스는 눈을 감고 하나님께 그분의 목소리 큰 자녀인 디오도토스를 보살펴 달라고 조용히 기도했다.

"아버지!"

데메트리우스가 눈을 뜨자 여덟 살배기 아들 테온이 달려오고 있었다.

"이게 무슨 일이니? 네 아름다운 어머니를 이 사람들 틈에 보호자 없이 내버려 두었어?"

"아니에요, 아버지." 테온은 그 실없는 말에 웃으며 말했다.

"어머니는 곧 오실 거예요."

"그래, 그러면 됐다." 데메트리우스가 아들의 태도에 수긍하면서 팔을 뻗어 아내를 안았다.

"당신은 오늘 아침에 어땠어요?" 올림피아스가 남편에게 물었다.

"좋았소. 이탈리아 네고티아토르(negotiatores, 상인)들이 우리 재고를 다 사들이려고 했고, 해로가 막혀서 다음 봄까지 공급이 끊어지니 그전에 온갖 상품을 있는 대로 다 구해서 돌아가려고 안달이오. 그렇지만 우리 지방 구매자들한테 팔지 못해서 미안한 기분이 드는구려."

"한 달 있으면 경쟁자들이 사라질 테니 그 사람들도 괜찮을 거예요." 올림피아스가 남편을 안심시켰다.

"제욱시스가 돌아왔는데, 화물을 하역할 일손이 필요하오. 당신이랑 테온이 가게를 하루 봐 줄 수 있겠소? 클레온과 안드레아스를 놔두고 가겠소. 다른 일꾼들은 이미 제욱시스를 도우라고 보냈고."

"여기 있을게요. 테온이 여기로 점심을 갖다 줄 수 있고요."

"크레스테는 집에 있어도 괜찮겠소?"

"크레스테는 집에 없어요. 테오파니아 집 작업장에서 하루를 보낼 거예요."

"공예를 배우고 있군." 데메트리우스가 허락하며 고개를 끄덕였다. "저녁까지 집에 돌아가지 않을 거요. 가게를 닫아 줄 수 있겠소?"

"물론이죠."

"제욱시스가 저녁 먹으러 와서 내일 밤까지 우리 집에 머물 거요."

"아주 좋아요."

데메트리우스가 테온의 머리를 헝클어트렸다.

"엄마가 어떤 물건이든 좋은 값을 잘 받으시게 해."

"네, 그럴게요." 테온이 대답했다.

데메트리우스는 날품팔이 일꾼을 두 명 더 구할 때까지 주랑 현관을 걸어가더니 그들을 데리고 서쪽 주랑 현관에 있는 문을 통과해서 장터 광장 밖으로 갔다. 디오도토스가 우물에 기대고 앉아 축축한 천을 피투성이 얼굴에 대고 있는 광경이 보였다.

"자네 둘은 먼저 항구로 가 보게." 데메트리우스가 일꾼들에게 말했다. "나는 확인할 일이 좀 있네."

그들이 가고 나자, 데메트리우스가 우물로 와서 디오도토스 곁에 무릎을 꿇었다.

"형제여, 주님이 그대와 함께하시기를."

"그대와도 함께하시기를." 디오도토스가 대답했다.

"심하게 다쳤군요."

"멍들고 피가 났지만, 부러진 데는 없어요."

"폭력은 여전히 로마와 로마의 지지자들이 제공하는 근본적인 논쟁 수단인 것 같아요."

"그들은 진리를 말하는 사람들을 계속 때려눕힐 수 있어요. 유일하신 하나님이 보복해 주실 일을 스스로 쌓고 있을 뿐이죠. 그들이 나를 죽을 때까지 때려도 괜찮아요. 그렇게 해서 하나님 나라가 온다는 의미라면, 그리고 하나님의 진노가 이들 우상 숭배자들에게 임하리라는 의미라면!"

데메트리우스가 마음이 불편했던 까닭은 디오도토스가 신념을 표현했기 때문이 아니었다. 이웃들이 자기도 모르게 한 분 하나님께 끝까지 반역한다면 맞이할 비극적인 운명을 디오도토스가 무심하게 표현했기 때문이다. 데메트리우스는 지갑에서 한 데나리온을 꺼냈다.

"형제, 가서 가게 문을 닫고 의사한테 진찰을 받아 보세요. 부러진 데가 없는지 확인하세요. 그러고 나서 식사 잘하고 느긋하게 목욕을 하시고요."

"고맙습니다, 형제."

데메트리우스는 안심시키려는 듯이 그의 어깨에 손을 얹고서는 일어나서 항구를 향해 몇 걸음 걸었다.

"돈을 제대로 살펴본 적 있습니까? 동전들은 각각 이야기를 들려줘요. 거짓말을 하고 있죠."

데메트리우스가 뒤돌아보자 디오도토스가 그에게 데나리온을 들어 보여 주었다.

"여기 보면, 도미티아누스의 어린 아들이 세상 꼭대기에 앉아서 행성 일곱을 향해 팔을 뻗고 있죠. 그리고 여기 새겨진 글을 보세요. '신성한 카이사르, 황제 도미티아누스의 아들.' 황제 가문에 태어난다는 것이 얼마나 행운인지! 황제 가문에서는 질병이 어린아이를 '신'으로 만들 수도 있으니 말입니다."

데메트리우스는 그 모순에 동의하며 고개를 끄덕였지만, 황제가 극복하려고 애쓰고 있는 슬픔이 개인적으로는 이해가 되었다.

"형제, 가서 몸조리를 하고, 형제를 학대하는 이들을 위해 계속 기도하세요." 데메트리우스는 항구로 걸어가면서 말했다. "주님이 지체하시는 동안에는 그들이 회개하리라는 소망이 있지 않습니까?"

시의 원로들이 모이다

목욕탕에서 보내는 시간을 좀 줄여야 했지만, 세라피온은 아침 시간을 짜증 나게 보낸 이후라서 더 느긋하게 있다가 나왔다. 고위층 시민들이 목욕탕에서 대거 빠져나갔기에 세라피온은 그날 오후 일찍 열리는 시 의회 시간이 성큼 다가왔음을 알았다. 약간 떨어진 바실리카 스토아로 걸어가다 보니, 불레우테리온을 향해 줄 지어 가는 귀족들 틈에 휩쓸려 바실리카 중앙 바로 뒤편에 자리를 잡게 되었다. 반원형 좌석 사이로 계단이 위쪽으로 이어져 있었고, 세라피온은 그중 하나에 올라가서 더 위쪽에 있는 공간을 보면서 그 장소가 개보수가 얼마나 필요한지를 생각했다. 아마도 전면적으로 개조하고 확장해야 할 것 같다는 생각이 들었다. '현재 우선 사항인 사업이 지체되어 왔어. 아마 앞으로 수십 년 동안 그러겠지.'

클라우디아누스가 올해 의장으로 선출되었으므로 반원 중앙의 의원석 연단에서 의회에 정숙을 요구하기 시작했다. 그 신호에 부응하여 아리스티온이 프리타네이온 쪽에서 에베소의 신성한 난로에서 불을 붙인 횃불을 들고 나타났다. 참석한 이들이 엄숙한 순간을 기리며 일제히 자리에서 일어났다. 아리스티온이 의원석 한편에 있는 작은 제단에 불을 붙였다. 프리타네이온에서 시종이 나와서 납작한 향 그릇을 건네주자 아리스티온이 그것을 불 위에 확 뿌렸다.

"계속해서 은혜를 주시니, 신들께, 에베소를 지켜 주는 영들께, 우리의 수호자 아르테미스께, 신성한 도미티아누스께 감사합니다. 은총과 복을 우리 의회와 우리 시 위에 계속 내려주시기를."

"내려주시기를." 그 자리에 모인 시 의원들이 화답했다.

아리스티온이 횃불과 빈 그릇을 시종에게 건네주었다. 시종이 자리에서 떠났고, 의원들이 다시 자리에 앉았다.

"이 의회의 귀한 의원들께 오늘 우리 중에 계신 손님들을 소개하게 되어서 무척이나 기쁘오." 클라우디아누스가 이어서 말했다.

클라우디아누스가 좌석 제일 앞줄 중앙에 있는 두 남자에게 일어서라고 손짓했다.

"이분들은 클라우디우스 아리스토파네스 아우렐리아누스와 율리우스 메네클레우스 디오판테스로, 서머나 소재 티베리우스와 리비아와 원로원의 아시아 공동 신전 사제들이며, 아우렐리아누스는 나와 같은 속주 의회 의원이기도 하오."

아민타스가 불레우테리온에 들어서서 다른 사람 눈에 띄지 않게 반대쪽 끝 계단으로 가려고 했다.

"카이우스 플라비우스 아민타스, 그대가 의회 회의에 최근에 언제 제시간에 왔는지 기억이 안 나는군." 클라우디아누스가 가만히 읊조렸다.

"고귀한 시민들이여, 죄송합니다." 아민타스가 계단을 올라가던 중간에 말했다. "제가 늘 실제로 할 수 있는 일보다 더 많은 일을 하루에 해내려고 하다 보니, 내리 지각하게 되네요. 바로 이 결점 때문에 아내한테 몇 번이고 잔소리를 들었는데 말입니다."

아민타스가 빈자리를 찾아가는 동안 공감하는 웃음이 회의장 전체에 물결처럼 퍼져서 긴장이 확 풀렸다. 세라피온만 재미없어 하면서, 자기들 가운데 있는 그 배교자를 쏘아보고 싶은 마음을 꾹 참았다. 하고많은 날 중에서 오늘만은 아민타스의 친구로 보여야 했다.

"좋소, 아민타스, 그렇다면 버릇을 고치시오. 우리까지는 아니더라도 그대 아내를 위해서라도 말이오."

클라우디아누스가 서머나에서 온 제사장들 곁에 앉은 남자에게 손짓하자, 그 남자는 사람들이 알아볼 수 있도록 예의 바르게 자리에서 일어났다.

"그리고 이분은 스트라토의 아들 니콜라우스로, 버가모 소재 아우구스투스 아시아 공동 신전 사제 중 한 분으로, 어제 아침 신성한 아우구스투스 탄신일 기념행사를 빛내 주셨소."

환영하는 박수가 울려 퍼지는 가운데 니콜라우스는 자리에 앉았다.

클라우디아누스가 이어서 말했다. "짐작들 하실 수 있듯이, 오늘의 안건 대부분은 다음 달에 있을 신성한 도미티아누스의 아시아 공동 신전 개관식을 다루는 것입니다. 영광스럽게도 우리가 그 신전을 유치하게 되었소. 이웃 여러 도시에서 공식 초청 손님이 너무나 많이 오실 거라서, 분명 프리타네이온이나 총독 관저에 있는 객실에 다 수용할 수 없을 거요. 내가 파악한 바로는 여러분에게도 다른 도시에 인맥으로 연결된 친구들이 있고 그 행사에 참여할 계획이어서 그 친구들을 환대하려고 하겠지만, 우리 시의 초청 손님들을 접대할 수 있다면, 아리스티온과 몬타누스에게 알려 주어서 그들의 하인들이 좀 효율적으로 계획을 세울 수 있게 하면 좋겠소이다."

살루타리스가 손을 들고서 클라우디아누스에게 기대하는 눈길을 보냈다.

"아하, 그래, 살루타리스, 기억나게 해 줘서 고맙소. 다음 달에 준공식 제의와 관련해서 며칠간 공식 축제를 열려고 하는데, 예상하건대 기록적인 인파가 지방과 속주 전역에서 올 거요. 이 축제에 빵과 포도주와 기름을 상당히 많이 내놓아야 합니다. 우리 모두 각자 토지 수확량에 대해 일정 비율로 이미 약정한 의무가 있지만, 시에서는 아마 여러분이 어느 분량으로든 시의 창고에 곡식과 포도주와 기름을 보내 줄 수 있다면 감사할 거요. 결국은 우리의 고귀한 아리스티온, 그의 동료 몬타누스, 도미티아누스 신전의 네오포이오이 협회에서 비용을 감당하고 있으니, 또 이 신전과 신전 제의에 필요한 것을 빠짐없이 대주는 것은 '신전지기 도시인 에베소 사람들'인 우리 모두에게 해당되는 영예와 의무이므로, 이러한 가용 식량을 통상적인 비율로 두거나, 아니면 상당히 줄이는 것이 적절하겠소."

아민타스가 손을 들었다.

"그래, 아민타스?"

아민타스가 일어서서 의회를 향해 연설했다.

"지금까지 한동안 저는 시의 가난한 이들이 곡식과 그 외 기본 식료품을 어느 정도로 구할 수 있는지 추적해 왔습니다. 다들 곡식 가격이 늦겨울과 초봄에 최고로 오르리라고는 예측하시겠지만, 지난 3년 동안은 곡식 가격이 너무나 많이 뛰어서 우리 시에서 많은 이들이 곡식을 구입할 수 없을 정도였습니다. 거친 보리조차도 가격을 감당할 수 없습니다. 다음 달에 우리가 예상하는 대로 식량을 소비한다면 올해 나머지 기간에 이 사람들이 겪을 문제가 더 심해질 것입니다."

클라우디아누스가 말했다. "가난한 이들에 대한 염려가 마음이 너그럽다는 표지이기는 하지만, 주제에서 벗어나고 있소. 허나 특별히 제안할 거리가 있소?"

"네, 곧바로 말하겠습니다. 우리가 가난한 시민들에게 베풀 수 있었던, 간단하지만 지금까지 간과해 온 자선은, 올리브 농원과 포도원을 10분의 1 정도 줄이고, 그 땅을 다시 곡식 경작에 할애하는 거죠. 그렇게 해서 수출보다는 지역 시장을 활성화하는 것입니다."

속닥이는 소리가 점점 커지는 중에 살루타리스가 큰 소리로 말했다.

"젊은이, 그런 종류의 자선으로는 빵집 어느 구석에 조각상이나 작은 비문 하나도 세워지지 않을 걸세."

불평 소리가 웃음소리로 변하자 살루타리스가 힘을 얻어서 계속 말했다. "차라리 나는 내 토지에서 계속 많은 돈을 벌어서 시에 지속적으로 자선을 베풀겠네. 그러면 나와 내 가문의 이름에도 명예가 계속 돌아오겠지. 그대도 하버 거리 꼭대기의 극장 앞 공공 우물을 보수하고 확장하는 일을 맡았으니, 이 말을 똑똑히 이해할 걸세. 우리는 모두 그대가 한 일에 경의를 표하네."

"제가 우리 위대한 시에 보답할 방법을 모색하기 시작했다는 말씀은 맞습니다." 아민타스가 인정했다. "하지만 우리는 투자를 분산해서 하듯이 자선도 분산해야 합니다. 그 결과가 곧바로 분명하게 보이지 않더라도 말입니다. 또 가장 큰 자선은 가장 곤궁한 이들을 구하는 것입니다. 제 생각에는, 늦겨울이 오면 우리 시에서 많은 이들이 가장 훌륭한 신전보다는 빵을 구할 수 있는 것을 더 큰 선물로 여길 겁니다. 아무튼 저 자신은 이미 제 시골 포도원과 올리브 농원의 5분의 1을 전환하기 시작했습니다."

콰드라투스가 손을 들지도 않고 일어서서 말했다.

"이 귀족분이 제안한 내용이 인기가 없을지 몰라도, 여러분 모두에게 말씀 드릴 수 있는 소식은 그 제안이 해당 문제에 대한 황제의 생각과 일치한다는 것입니다. 도미티아누스께서는 친히 로마에 있는 원로원 의원들에게 바로 이 일을 실행해서 이탈리아 전역에서 반드시 곡식을 구할 수 있게 하라고 강권해 오셨습니다."

● 자세히 들여다보기 ●

셋째 말 탄 자와 도미티아누스 칙령

고대 지중해에서 "오늘 우리에게 필요한 양식을 내려주시고"(마 6:11, 눅 11:3, 새번역) 라는 간구에는 특히 절박감이 감돌았다. 그 지역에는 곡식이 안정적으로 꾸준히 공급되리라는 보장이 전혀 없었다. 로마가 수도 주민에게 곡식 공급을 보장해 주는 데 엄청난 노력을 기울였기 때문에 다른 지역에서는 식량난이 가중되었다. 지중해 전역, 특히 이집트와 북아프리카, 동쪽 일부 속주의 곡식 징수와 분배를 조정해서 로마가 공물(貢物)로 정해 놓은 공급량이나 고정 가격으로 반드시 받을 수 있게 했다.

로마에서는 이십 만 가정 정도가 매일 실업 수당을 곡식으로 받고 있었기에, 여러 지역에서 강수량 부족이나 고온, 병충해, 곤충 떼 때문에 작황 부진이나 흉작으로 변화가 있을 때도 보호를 받았다. 따라서 식량이 부족한 시기에는 바로 속주 주민이 흔히 가격 폭등으로 보리 공급이 충분치 않거나 확실하지 않아 어려움을 겪었다.[a] 경작지가 더 이상 곡식 생산에 할애되지 않고 올리브나무와 포도같이 더 수익성 좋은 작물에 점점 더 많이 할애되면서 문제가 더욱 심해졌다.

도미티아누스는 주후 92년에 이러한 문제를 해결하려고 칙령을 반포해서, 포도나무에 할애된 토지의 양을 줄이고, 그에 상응하여 곡식 생산을 늘리라고 명령했다. 도미티아누스는 이탈리아에서는 포도나무를 심는 토지를 더는 넓히지 말라고 명령했을 뿐이지만, 속주에서는 포도 경작을 절반으로 줄여야 했다. 소아시아 지주들은 강력하게 반발해서 예외를 얻어 낼 수 있었으며, 이 일은 최상류 계층의 이익이 일반 대중의 이익을 깔아뭉갠 사례다. 그와 같은 환경에서, 요한계시록의 셋째 말 탄 자의 외침은 기이하게도 시류에 맞고 그럴듯하게 들렸을 것이다. "밀 한 되도 하루 품삯이요, 보리 석 되도 하루 품삯이다. 올리브기름과 포도주에는 해를 끼치지 말아라"(계 6:6, 새번역). 으레 하루 품삯으로는 밀 여덟 되를 살 수 있으리라고 기대할 수 있어야 했고, 밀 한 되면 빵 한 덩이를 만들기에 충분했다(값이 더 헐한 거친 보리로 만들면 세 덩어리). 그 무시무시한 말 탄 사람이 빈정대는 말은 분명하다. "그러나 너희가 무슨 일을 하든지 기름이나 포도주 생산에는 손해가 가게 하지 말라!"

---

a. David Magie, *Rome Rule in Asia Minor* (Princeton, NJ: Princeton University Press, 1950), 580.

속닥이는 소리가 의회 전체로 퍼져 나갔지만, 사람들이 동의를 표하고 있는 것인지, 아니면 황제까지도 토지를 많이 소유한 상류층의 이익을 줄이기 원한다는 사실에 점점 염려가 커져 간다는 표시인지 분명하지 않았다.

"고귀한 콰드라투스, 고맙습니다." 웅성거리는 소리 위로 아민타스가 말했다. "귀족 여러분, 저는 여기에서 정책을 제안하고 있지 않습니다. 그저 여러분이 각자 고려해 보시고, 양심이 이끄는 대로 밀고 나가시라고 권고하고 있을 뿐입니다. 그리고…" 아민타스가 다들 알면서도 말하지 않으려는 문제를 분명히 말하기를 주저하면서 잠시 말을 멈추었다. "우리가 겨울철 내내 곡식을 조금 더 푸는 관례를 유지해서 사람들이 계속 곡식을 구할 수 있게 해야, 겨울철 몇 달 동안은 가격을 올리려는 유혹을 뿌리칠 수 있을 겁니다."

"아하!" 살루타리스가 탄성을 질렀다. "그렇다면 제안할 정책이 있군요. 제가 발의하겠습니다." 살루타리스가 왼손을 가슴에 얹고, 오른손 손바닥을 웅변가의 자세로 위로 들었다. "신전지기 도시이자 아시아의 주요 도시인 에베소의 의회와 백성은, 수요 공급의 법칙을 폐기할 것을 선언합니다."

회의실이 다시 웃음소리로 가득했다. 세라피온도 아민타스가 당황해하는 모습을 보니 더 즐거워서 함께 웃었다.

"우리는 생각해 보아야 합니다." 아민타스가 자기 자리로 돌아가면서 침착하게 말했다. "이웃을 향한 사랑의 법칙을 우리는 더 강력하게 주장해야 합니다."

"아민타스, 취지는 고귀하오." 클라우디아누스가 살짝 거들먹거리며 말했다. "이제 의제로 돌아온다면, 새 신전과 숭배 행사와 관련 있는 직무 배치에 공석이 몇 군데 있다는 문제가 있소이다. 아리스티온?"

선출직 대사제가 다음 안건을 처리하려고 일어섰다.

"클라우디아누스, 감사합니다. 가장 긴급한 안건은, 네오포이오이로 섬기도록 선출된 사람 중 한 명인 고귀한 루키우스 클라우디우스 필로메토르가 갑작스레 사망했다는 겁니다. 게다가 제 생각에는 신성한 도미티아누스를 찬미하는 합창단을 후원해 줄 코레고스(chorēgos)를 선출하는 것도 괜찮은 일이겠습니다. 특히 황제의 탄신을 기리며 매달 초하루마다 제의를 여는 동안 말이지요. 버가모와 서머나에서는 자기네 속주 신전에서 제의를 그렇게 진행하고 있는데, 어떤 면에서든 그들보다 뒤떨어진다면 부끄러울 겁니다. 여러분도 기억하시겠지만, 우리는 세바스톨로고스(sebastologos) 자리를 경쟁하는 방식으로 충원하기로 결정했습니다. 여러분 중에 누구든지 참여하는 데 관심이 있다면, 이번 주 첫날 극장에서 대회를 열겠습니다."

"그러면 그 공석 중 어느 자리든지 우리에게 지명권이 있소?" 클라우디아누스가 물었다.

세라피온은 바로 이 순간을 기다리고 있었다.

"고귀한 동료들이여, 저는 카이우스 플라비우스 아민타스를 네오포이오스(네오포이오이의 단수형)로 섬기는 영광스러운 일에 지명하고 싶습니다. 플라비안가(家)의 해방 노예의 자손이자 베스파시아누스의 은혜로 번영을 누리고 있으니, 눈에 띄는 자리에서 황제 가문을 기릴 수 있는 지위를 수락하는 것이 아민타스에게 합당할 겁니다. 앞서 언급한 우물집 수리를 아민타스가 후원한 것을 시에서 감사한다는 표시로 그와 같은 특권을 제공하는 것이 우리에게도 합당할 테고요."

세라피온은 아민타스에게 덫을 놓고서 용수철을 더 단단히 조이기 시작했다.

"지금 제가 들은 소문으로는 일부 시민들이 아민타스를 욕하면서 그가 그리스도 사교 모임에 말려들어 간 이후로 신앙심에 그다지 관심을 보이지 않는다고들 말하고 있습니다."

수군거리는 소리가 파도처럼 일어난 사실이 암시하듯이, 그 일을 의회에서 많은 이들이 알아차리지 못하고 있었으며 그 사교 모임이 긍정적인 모임은 아니었다.

세라피온이 자신 있게 말을 이었다. "하지만, 저로서는 그러한 중상모략을 믿지 않습니다. 어쨌든 그리스도 사교가 자랑스러워하는 신도 중에도 아주 유명하고 신들을 두려워하는 사람들이 있으니까요. 사실 버가모의 니콜라우스는 아우구스투스의 사제이자 흠잡을 데 없는 양반인데, 바로 지난밤에 자기가 그리스도 사교 신자라고 말해 주었습니다. 아민타스에게 우리 시의 신들을 향한 신앙심이 없다고는 믿을 수 없으므로, 저는 그러한 소문을 즉각 배척하고 아민타스를 이 영광스러운 자리에 적극 추천합니다."

• 자세히 들여다보기 •

황제 숭배 직원들

로마의 아시아 속주 도처에 있는 비문이 증언하는 다수의 직함을 보면 황제 숭배와 관련해서 사람들이 다양한 역할을 수행했다. 속주 차원에서 지방 제관(asiarch)들은 그중에서 특히 속주에서 열리는 황제 숭배의 대사제이자, 아시아 속주의 총의회인 코이논의 주요 회원이었던 듯하다. 속주든 지방이든 시의 황제 신전과 연관해서 직무를 수행하는 사제가 하나 이상 있었음을 알 수 있다. 이러한 어법에서 보면 네오코로스(neōkoros)는 관직이 없는 시민으로서 신전 유지비를 부담하는 데 동의하고 그 외에 갖가지 기부를 했다. 아고노테테(agonothete)는 관직이 없는 개인으로서 황제나 황실 가족에게 경의를 표하며 운동 경기와 그 외에 다른 시합을 열 때 비용 부담을 약속했다. 세바스톨로고스(sebastologos)는 신에게 하듯이 황제에게 찬가를 작곡하여 바치도록 선택받았다(전통적인 제의에서, 이러한 일을 하는 사람, 즉 신을 찬양하는 말을 바치는 사람은 테올로고스[theologos]라고 불렸을 것이다). 다수의 네오포이오이(neopoioi)는 신전과 제의를 위해 여러 역할과 의무를 맡도록 임명된 개인들로, 네오포이오스의 장(長)인 아르키네오포이오스(archineopoios) 아래에 조직되었다. 마지막으로 힘노

도이(hymnōdoi, 단수형은 hymnōdos)는 합창단원들로 신에게 하듯이 황제를 향해 찬가를 불렀을 것이다. 속주 제의의 경우에, 전문 합창단의 경비를 때로는 속주 기금에서 보조해 주었고, 때로는 합창단을 제공하는 특정 도시가 보조해 주기도 했다. 예를 들어 서머나는 티베리우스와 리비아와 원로원 신전과 관련된 숭배 제의에 남자 가수 스물네 명을 고용했다.[a]

공적인 제의에 비해, 황제 숭배의 축제 일정과 연관 있는 일반 제의는 더 개인적인 "황제의 밀교(mysteries)"로 보일 수도 있었는데, 동쪽 그리스에서 행하던 다른 밀교의 의식을 본떠서 만들었다. 이를테면 아테네 서쪽 엘레우시스를 중심으로 하는 엘레우시스 밀교, 디오니소스 밀교(이 밀교의 의식이 폼페이에 있는 신비의 저택[Villa of the Mysteries]에 설명 없이 감질나게 전시되어 있다), 에베소의 아르테미스 밀교 의식이 있다. 비문에서 유일하게 특별히 언급하는 관리는 세바스토판트(sebastophant)로, 엄밀히 말하면 신을 만나는 수단을 제공한다며 황제와 관련 있는 신성한 물건이나 형상을 드러내 보이는 사람이지만, 아마 그 밀교의 관리자였을 것이다. 다른 신들 숭배처럼, 규모가 더 큰 황제의 공적 숭배와 더 개인적인 밀교 모두 특별 효과를 이용하여 숭배자나 입교자들에게 더 강렬한 인상을 주고자 했다고 한다. 예를 들면, 그림자와 등불을 이용해 황제의 형상이 갑작스레 조명되도록 하여

사진 2.7. 네오포이오이의 의회라고 이름 붙인, 에베소에 있는 비문

신의 현현을 표현했다.

충분히 부유하고 헌신적이라면 한 사람이 여러 직함을 동시에 보유할 수 있었다. 예를 들어 어느 비문에는 티투스 플라비아누스 몬타누스를 주후 90-112년 사이 어느 시점부터 "에베소 소재 아시아 공동 신전 대사제, 세바스토판트, 종신(終身) 아고노테테(agonothete)"라는 직함과 연관 짓고 있다.[b]

---

a. Steven Friesen, *Imperial Cults and the Apocalypse of John: Reading Revelation in the Ruins* (Oxford: Oxford University Press, 2001), 107.
b. Friesen, *Imperial Cults*, 114.

"아민타스, 그대는 어떻게 생각하오?" 클라우디아누스가 물었다. "이 추천을 받아들이겠소?"

아민타스가 자리에서 일어났다. "너무나 중요하고 영광스러운 자리에 지명받아서 정말 놀랐습니다." 아민타스가 솔직하게 인정했다. "제 예상 소득과 예비비를 현재 제가 시에 이행하기로 한 재정 지원 금액에 비추어 면밀히 고려해 보겠습니다. 이처럼 중요한 신뢰받는 직무를 제대로 이행하지 못한다면 제 자신이 정말 싫을 겁니다."

"사실, 함부로 받아들일 의무는 아니지." 클라우디아누스가 말했다. "내일 아침에 우리와 같이 가세나. 우리가 유명한 방문객들에게 새로 지은 시설을 보여 주고 있을 테니, 그대가 하급 관리가 될 숭배 종합 시설이 얼마나 웅장한지를 보면, 필시 제안을 수락하는 방향으로 가는 데 도움이 될 걸세."

"고귀한 클라우디아누스, 대단히 감사합니다." 아민타스가 자리에 앉으면서 말했다.

클라우디아누스가 이어서 말했다. "어쨌든, 그럴 일은 없겠지만 우리가 다른 후보를 고려해야 한다면, 이달 6일, 즉 10월 초하루가 되기 4일 전에 의회에서 회의를 다시 할 때까지는 그대가 결정해 줘야 하오. 그래야 코이논이 초하루 회의를 위해 이곳 에베소에서 모였을 때 우리의 선택을 비준할 수 있으니까."[6]

---

[6] 에베소가 아시아 속주의 수도였기에 이곳에서 연 1회 속주 코이논이 모였다. Murphy-O'Connor, *St. Paul's Ephesus*, 84를 보라. 이 회의는 속주와 로마 사이의 중요한 의사소통 장소였다.

의회가 나머지 안건을 진행하는 동안 세라피온은 아민타스에게서 눈을 떼지 못하면서, 아민타스가 겉으로는 애써 침착함을 유지하려 하지만 사이사이 불안한 기색을 보이자 즐거워했고, 자기 계획이 예상대로 성공한 것을 자축했다.

3. 신들의 그늘

카이사로스 3일, 10월 초하루 7일 전(9월 25일)

에베소 소재 아시아의 황제 공동 신전

아민타스는 마직(麻織) 튜닉 위로 허리에 혁대를 둘러매고, 망토를 오른쪽 어깨 위에 걸치고 나서 다시 왼쪽 팔뚝을 감쌌다. 옷을 차려입자마자 이층 침실에서 나와서 타운하우스 안뜰로 통하는 계단을 내려갔다.

"아버지, 진짜예요?"

열세 살 소년이 안뜰을 가로질러 아민타스에게 달려왔다.

"세쿤두스, 뭐가 진짜냐는 거니?"

"사람들이 아버지한테 도미티아누스 황제의 사제가 되라고 했어요?"

"사제처럼 거창한 건 아니야. 새 신전의 네오포이오스지."

"그런 일을 받아들일 수 있으세요?"

"나 자신에게 대답해야 하는 질문이구나."

삼십 대 초반의 여인이 안뜰에 들어왔고 뒤에 열한 살 소녀가 따라왔다. 둘 다 발목까지 내려오는 밝은 색 옷을 입었다.

"여보, 잘 잤어요?"

"잘 잤소, 크리산테?" 둘이 서로 팔을 맞잡으며 아민타스가 말했다.

"아버지, 안녕히 주무셨어요?"

"트리파이나, 잘 잤니?"

"메네스! 아스파시아!" 크리산테가 불렀다.

가정 노예 둘이 다른 방향에서 나타나서 안뜰에 들어왔다. 여섯 사람은 탁 트인 하늘 아래 동그랗게 서서 손을 잡고 함께 큰 소리로 기도하기 시작했다.

"하늘에 계신 우리 아버지여, 이름이 거룩히 여김을 받으시오며, 나라가 임하시오며, 뜻이 하늘에서 이루어진 것같이 땅에서도 이루어지이다. 오늘 우리에게 일용할 양식을 주시옵고, 우리가 우리에게 죄지은 자를 사하여 준 것같이 우리 죄를 사하여 주시옵고, 우리를 시험에 들게 하지 마시옵고 다만 악에서 구하시옵소서. 나라와 권세가 아버지께 영원히 있사옵나이다. 아멘."

그들은 손을 놓았다.

"하나님이 오늘 우리를 그분의 은혜와 평화로 지키시기를." 아민타스가 말했다.

"아멘." 다른 이들이 화답했다.

메네스와 아스파시아가 자기들 일을 하러 가자, 크리산테가 아민타스를 데리고 앞마당을 지나 바깥쪽 문까지 걸어갔다.

"여보, 하나님이 당신한테 분별력을 주시기 바라요." 크리산테가 이렇게 말하면서 손을 뻗어 아민타스의 볼을 만졌다.

"하나님이 정말 그렇게 하시기를." 아민타스가 대답했다.

아민타스는 안심시키려는 듯이 아내에게 미소 짓고 좁은 보도로 나섰다. 보도는 타운하우스 옆 언덕에서 엠볼로스 아래까지 내리막으로 이어졌다. 엠볼로스 위로 2분만 걸으면 거대한 도미티아누스 신전에 도착하는데, 신전은 거리에 늘어선 상점들과 원기둥들 너머로 시야에 꽉 차게 들어왔다. 아주 다른 신이기는 하지만, 아민타스는 그 건물 자체가 "권세와 영광이 그대의 것입니다!" 하고 선포하는 소리가 들리는 듯했다.

엠볼로스 끝에서 아민타스는 오른쪽으로 돌아서 새 신전 정문 앞에 있는 큰 광장에 들어섰다. 앞에는 거대한 3층짜리 건물이 서 있었고, 층마다 아치형 입구가 건물 전면을 죽 가로지르고 있었다. 2층과 3층 전체에 걸쳐, 아치 사이의 원기둥 모양

지지대마다 신을 실물 크기 부조로 새겨 놓았다. 그리스-로마 종교에서 알려진 신도 있었고, 지모신(地母神) 키벨레와 여신의 불운한 배우자 아티스 같은 지역 신도 있었으며, 이집트의 이시스와 세라피스처럼 로마 제국에서 멀리 떨어진 곳에서 수입한 신도 있었다. 마치 모든 나라의 신들이 여기에 모여서, 살아 있는 신 도미티아누스의 신전에 참배하러 다가오는 이들을 축복하는 듯했다.

"잘 오셨소, 카이우스 플라비우스 아민타스." 클라우디아누스가 느리고 침착한 말투로 말했다. 그는 아침에 신전을 둘러보는 이들에게 주인 역할을 하고 있었다. "시에서 그대에게 제안한 영광스러운 일을 생각해 보면, 분명히 그대의 집에서는 크게 흥분했겠소."

"고귀한 클라우디아누스, 정말로 그렇습니다. 아내와 저는 잠을 이룰 수 없었습니다."

"잠시 후에 곧 진행하겠소." 클라우디아누스가 말했다. "우리는 서머나에서 온 친구들을 기다리고 있소. 그들은 여기에서 백 미터도 떨어지지 않은 프리타네이온 객실에 묵고 있지만, 맨 나중에 모이게 되었소."

"고귀한 클라우디아누스, 그들 대신 변명을 해도 될까요?" 니콜라우스가 나섰다. "지난밤에 저희는 다시금 후한 대접을 받고 있었기에, 제 서머나 친구들의 경우에는 제가 그대로 둘 수 있었다면 밤늦게까지 있었을 겁니다."

아민타스는 무리가 다 알고 있다는 듯이 빙그레 웃을 때 이리저리 훑어보았다. 콰드라투스는 니콜라우스와 함께 있었고, 아리스티온과 몬타누스는 클라우디아누스의 오른편에 새 신전 직원 중 가장 눈에 띄는 구성원으로 서 있었다. 이웃인 세라피온도 그 자리에 있으면서, 아민타스가 쳐다보자 음흉한 미소로 답했다. 그 외 지역 유지 몇 사람도 가까이에 있었는데, 다들 새로운 숭배 신전과 관련해서 하급 사제직과 기타 직무를 수락했다.

클라우디아누스가 말하고 있었다. "우리가 서 있는 광장은 아직 완공되지 않았소이다. 폴리오가(家)에서 저쪽, 위대한 가이우스 섹스투스 폴리오의 무덤 옆에 우물을 건설하기로 약속했소. 그 계획에는 굉장한 조각상들을 세우는 일도 들어 있는데, 내 생각에는 『오디세이아』 중 키클롭스(Cyclops) 이야기에 나오는 장면을 표현할 것 같소. 시에서는 폴리오가에 다음 달까지 기다렸다가 그 사업을 시작해 달라고 했소. 신전 개관식 때 이 광장이 공사장처럼 보이기를 바라지 않으니까."

클라우디아누스가 곧 우물이 생길 공터에서 막 눈길을 거두는 순간에 서머나에서 온 황제 사제 둘이 폴리오의 무덤을 돌

사진 3.1. 인위적으로 확장한 고원 지대. 한때 도미티아누스 신전이 서 있었다.

사진 3.2. 도미티아누스 신전 안뜰로 이어지는 웅장한 계단 유적

아 광장에 들어섰다.

"아우렐리아누스, 디오판테스, 안녕하시오? 잘 오셨소이다." 클라우디아누스가 말했다. "이제 다들 여기 있으니, 아리스티온에게 이 참으로 훌륭한 복합 시설을 안내해 달라고 요청하겠소. 아리스티온은 대사제이자 이곳 에베소에 있는 플라비아누스 황실 숭배 신전의 관리인이오."

"고귀한 클라우디아누스, 감사합니다." 아리스티온이 거대한 정면을 향해 몇 걸음 걸어가더니 돌아서서 사람들을 마주 보며 말했다. "여러분, 저는 에베소의 아시아의 황제들 공동 신전에서 여러분을 환영할 수 있게 되어 대단히 자랑스럽습니다. 저희는 우리 속주가 신성한 도미티아누스와 도미티아누스 황실에 얼마나 헌신적인지를 보이는 데 비용을 아끼지 않았으며, 황제가 응당 받으셔야 할 감사와 경외와 충성을 불러일으키는 거룩한 공간을 마련했습니다. 여러분 앞에 보이는 3층 정면은 제국 전체에서 숭배하는 신(神) 서른여섯을 나타내며, 우리 황제와 온 황실의 통치를 신들이 지지한다는 것을 보여 주기 위해 모았습니다. 신들은 눈에 보이지 않는 면으로도 지지해 주고 있습니다. 이 건물 정면이, 신전이 서 있는 고원 지대를 확장하는 데 북쪽 옹벽 역할을 하듯이 말입니다."

클라우디아누스가 덧붙였다. "위치가 자연 그대로도 완벽했지만, 우리가 설계한 웅장한 복합 시설이 들어설 정도로 넓지는 않았소."

● 자세히 들여다보기 ●

시민의 자랑과 황제 숭배

에베소는 황제 숭배를 위한 속주 신전 유치권을 부여받았다고 대단히 자랑스러워했으며, 황제 숭배 제의는 주후 89/90년에 시작되었다.[a] 에베소는 로마 원로원이 이 권리를 부여하자마자 즉시 비문에 연달아 에베소의 정치적 실체를 "신전지기 직무(neokorate)를 받은 에베소 사람들의 의회와 시민들"로 지칭하기 시작하여, 속주 내에서 네오코로스(neōkoros)라는 직함을 신분에 대한 권리로 만들었다. 버가모는 이미 한 세기 전에 아우구스투스와 로마 숭배의 신전지기 직분을 받았기에, 에베소를 그대로 따라하듯이, 그때부터 자기네 도시를 "최초로 신전지기 직무를 받은 버가모 사람들의 의회와 시민들"로 언급해서 에베소보다 자기네가 으뜸임을 재천명했다.

2세기 초에 버가모는 자매 도시들과 경쟁하여 트라야누스(주후 98-117년 황제) 숭배 속주 신전 유치권을 따냈다. 버가모는 아크

로폴리스 꼭대기 위쪽에 트라야누스 신전을 건설한 후에 스스로 "두 차례 신전지기가 된 버가모 사람들의 의회와 시민들"로 비문에 지칭하기 시작해서 자기네가 더 우월함을 분명하게 밝혔다. 에베소는 최고 전성기에 트라야누스의 후계자인 하드리아누스 숭배 속주 신전을 유치하는 명예를 얻고자 노력하는 위치에 있었으며, 경내를 갖춘 어마어마한 신전을 건설해서 플라비아누스 신전의 경내가 왜소해 보일 지경이었고, "아시아 최초이자 위대한 어머니 도시(mētropolis)이며 두 차례 황제의 신전지기가 된, 에베소 사람들의 의회와 시민들"로 자칭하기 시작했다. 이러한 혼란에 뒤이어 다시 버가모는 연대가 앞선다는 사실로 경쟁 도시를 이길 방법을 찾아내서, "아시아의 어머니 도시이자 최초로 두 차례 신전지기 도시가 된, 버가모 사람들의 의회와 시민들"이라고 자칭했다.

어떻게 보면 이러한 도시 간 경쟁이 재미있기는 하지만, 속주

사진 3.3. 버가모의 김나지움에서 나온 비문으로, 버가모가 속주에서 가장 먼저 네오코로스라고 불렸다고 주장하고 있다.

3. 신들의 그늘

의 황제 숭배에 있어서 한 도시의 투자가 서로 상대 도시보다 자기네가 명예롭고 앞선다는 주장을 뒷받침하는 데 집중되자, 이렇게 인간에게 신성한 명예를 부여하는 일에 눈에 보일 정도로 거리낌 없이 비협조적으로 구는 도시 내 분파를 향한 불관용이 자연히 주민들 사이에서 점차 커졌다.[b]

---

a. Steven Friesen, *Twice Neokoros: Ephesus, Asia and the Cult of the Flavian Imperial Family* (Leiden: Brill, 1993), 41-49.
b. 이것이 그리스 세계의 특징이 된 도시 간 경쟁 징후로, 디오 크리소스토모스(Dio Chrysostom)는 이에 대해 말하면서 (비두니아 속주에 있으며, 북쪽 아시아에 접해 있는) 니코메디아 시민들이 '첫째'라고 불리는 일에 대해 갖는 자만심을 꾸짖는다. "그대들은 그와 같이 차이를 나타내는 표시로 자신을 치장하지만, 분별력 있는 모든 사람들의 눈에는 완전히 경멸 대상일 뿐 아니라, 특히 로마에서는 사람들의 비웃음을 유발하며 훨씬 더 치욕적이게도 '그리스의 결점'으로 불립니다." H. Lamar Crosby, trans., *Dio Crysostom IV: Discourses XXXVII-LX* (Cambridge, MA: Harvard University Press, 1946), *Orations* 38.38.

건물 정면 중앙에는 아치형 입구가 하나 있었는데 너비와 높이가 나머지 아치형 입구의 갑절이나 되어서 나머지 아치형 입구들이 이루는 패턴을 끊어 놓고 있었다. 아리스티온은 사람들을 이 아치로 인도해서 아치로 덮인 웅장한 계단 위로 데리고 갔다. 절반 정도 올라가자 계단 두 개가 있는 층계참이 나왔고, 두 계단은 아래쪽 계단과 직각으로 교차하면서 서로 반대

방향으로 위로 이어졌다. 사람들은 고원 지대 맨 위에 있는 웅장하고 지붕을 덮지 않은 안뜰로 나왔다. 원기둥으로 세운 주랑 현관이 안뜰의 세 면, 서쪽 면과 더 긴 북쪽과 남쪽 면을 둘러싸고 있었다. 안뜰 주위를 빙 돌아 조각상들이 많았는데, 황실의 일원이나 아시아 도시들의 신들을 후원하는 이들이 봉헌한 것으로, 이들은 황제에 대한 그들의 충성심과 감사를, 혹은 적어도 충성스럽고 감사하는 것으로 보이고자 하는 바람을 보여 주는 이러한 기념물을 주문했다. 아민타스는 아프로디테 조각상에 가까이 다가가서 여신상 맨 아래에 있는 봉헌 비문을 읽었다.

마르쿠스 풀비우스 길로가 지방 총독으로 있던 중에, 황제 도미티아누스 카이사르 아우구스투스 게르마니쿠스께. 황제들의 은혜로 처음부터 자유와 자치를 누리는 아프로디테의 백성, 카이사르의 친구들이 황제들을 향한 신앙심과 에베소 사람들의 신전지기 도시를 향한 선의로, 에베소에 있는 황제들 공동 신전에 황제들의 은혜로 이 신상을 세웁니다.[1]

---

[1] 원문은, Steven Friesen, *Imperial Cults and the Apocalypse of John: Reading Revelation in the Ruins* (Oxford: Oxford University Press, 2001), 44에서 볼 수 있다. 여기에 있는 번역은 필자가 했다.

클라우디아누스는 아민타스가 읽고 있는 것을 눈여겨보고서 아민타스에게 조용히 말을 걸었다.

"다른 도시들이 이 훌륭한 신전의 소유권을 주장하면서 신전이 여기 에베소에 있다는 사실을 얼마나 시기하고 우리를 그저 신전 '관리인'으로 부르고 있는지 재미있지 않소? 하지만 우리는 네오코로스가 자매 도시들이 얻으려고 경쟁하는 명예로운 직함이 되게 만들었소."

아리스티온이 사람들을 가슴 높이 난간으로 데리고 왔다. 난간은 안뜰의 동쪽 면에 죽 이어져 있어서, 아래쪽 시민 광장을 볼 수 있었다.

"우리는 신전에서 보이는 아래쪽 시민 광장의 전망을 가로막지 않도록 이쪽 면에는 주랑 현관을 세우지 않기로 결정했습니다." 아리스티온이 설명했다. "우리는 우리의 모든 행동과 활동이 우리를 보호하는 신들 특히 황제의 그늘에서 일어나고 있음을 동료 시민들이 더욱 느낄 수 있게 해 주고 싶었습니다."

아리스티온이 그들을 이끌고 안뜰 동쪽 중앙에 있는 단독 건축물 옆으로 갔다.

"그리고 말할 것도 없이, 이것이 주요 희생 제사를 드릴 제단입니다." 아리스티온이 말했다.

진정한 의미의 제단이 커다란 정사각형 기단 위에 있었는

그림 3.4. 도미티아누스 신전에 있던 제단의 장식된 토대의 일부

데, 북쪽과 동쪽과 남쪽을, 즉 신의 성소를 마주 대하는 쪽을 제외한 모든 면을 원기둥이 둘러싸고 있었다. 아민타스는 제단 사면에 조각된 부조(浮彫)를 보았다. 짧은 쪽 가장자리에는 황소가 화환을 두르고 새 신에게 제물로 바쳐질 준비를 하고 있었다. 긴 쪽 면은 방패, 검, 투구 같은 전쟁 도구를 화려하게 새겨 넣어, 황제의 군사력과 게르마니아에서 거둔 성과를 기렸다.

이제 아리스티온은 제단에서 사람들을 데리고 서쪽으로, 엄밀한 의미의 신전을 향해 갔다. 신전은 안뜰 서쪽 중앙에, 여섯 계단 올라가야 하는 기단 맨 위에 위풍당당하게 서 있었다. 앞쪽 전체에 높은 원기둥 여덟 개가 3미터 간격으로, 더 긴 양쪽 면에는 원기둥 열세 개가 두 줄로 서 있었다. 사람들이 가까이 다가갔을 때, 현재 신전 소유이자 종신 시종인 노예 둘이 원기

등 뒤에 있는 성소의 거대한 나무 문을 열었다. 햇빛이 어두컴컴한 신전 내실로 쏟아져 들어가 거대한 캔버스 휘장 위에 드리웠다. 휘장은 돛만큼 넓었으며, 위쪽 모서리가 밧줄 두 개에 높이 달려 있었고, 밧줄은 측벽에 있는 고리를 통과해서 바닥으로 길게 이어졌다. 바닥에서 성전 노예 둘이 밧줄을 단단히 잡고서 휘장의 무게를 지탱하고 있었다.

"신전 내실 자체에 들어올 수 있는 사람은 당연히 많지 않습니다." 아리스티온이 사람들에게 앞으로 이동하라고 손짓하며 말했다. "하지만 신성한 도미티아누스께서 빼어난 귀족인 그대들을 오늘 그분의 집에 초대하셨습니다."

신전 내실로 다가갔을 때, 아민타스는 그릇 두 개가 90센티미터 높이 돌덩어리들 위에 얹혀 있는 것을 알아챘다. 그릇은 크고 볼록한 조개 모양으로 고광택 금속으로 만들었으며, 휘장 아래 양쪽 모서리 앞 6미터 정도 거리에 하나씩 놓여 있었다. 아리스티온과 몬타누스가 서로 마주보는 벽에 달린 받침대에서 각기 작은 횃불을 가져오더니 돌덩이에 다가갔다. 아리스티온이 고개를 끄덕이자, 노예들이 밧줄을 놓았고, 두 사람은 각자 금속 그릇 안에 놓인 등잔에 불을 붙였다.

대번에 관람객들은 마치 신이 현현하기라도 한듯이 도미티아누스 황제상(像)과 정면으로 마주하게 되었다. 황제상은 그들 앞에 8미터 높이로 서 있었고, 창백한 대리석 피부가 한낮의 강렬한 해처럼 빛났다. 아민타스에게는 사람들이 놀라 한숨을 삼키는 소리가 마치 한 사람 입에서 나오는 듯이 들렸다. 서머나에서 온 디오판테스는 큰 충격을 받아서 경외심에 신상 앞에 무릎을 꿇고, 크게 나오는 숨을 참으려는 듯이 양손으로 입을 가렸다.

사진 3.5. 도미티아누스 신전에서 나온 거대한 신상의 머리와 왼쪽 팔뚝

아민타스는 기이하게도 그 경험에서 소외되는 듯한 거리감이 들었다. 우상의 밝기에 눈이 익숙해지자, 도미티아누스가 갑옷을 입고 왼손에 창을 들고 있는데, 창자루가 발아래 지면에 놓여 있는 모습이 보였다. 신들을 표현하는 방식대로 황제는 맨발이었다. 아민타스는 동료들이 느끼는 것과 같은 경외감이 전혀 들지 않았다. 오히려 그 쇼를 보며 아민타스는 현재 참여하도록 제안받은 그 일이 무의미한 가식임을 이전 어느 때보다 더 분명하게 절감했다. 그 버가모 사람 니콜라우스는 그러한 가식을 그럭저럭 행동으로 옮길 수 있기는 했다. 여기에 있는 황제는 분명 힘과 위엄이 드러나는, 신처럼 위대한 인물

로 (아니, 진정 신으로!) 보이기를 바라지, 평균 신장에 배가 점점 나오는 일개 인간으로 보이기를 바라지는 않을 것이다. 그리고 저쪽에 옹송그린 채 모인 신도 중에는 지방 상류층이 있어서 황제가 마치 신상의 눈을 통해서 보듯이 자기네 시와 백성을 보기를 바랐고, 그리하여 이 앞을 못 보는 신상의 눈에서 발견할 수 있으리라 생각되는 호의를 마음에 그리고 있었다.

아리스티온과 몬타누스는 사람들이 자기네 황제의 영광 앞에 몇 분간 머무르게 한 후에, 등잔을 껐다. 눈에 보이지 않는 최면술사가 두 손가락으로 딱 소리를 낸 것처럼, 사람들은 다시 숭배자에서 관람객으로 돌아왔다. 디오판테스가 일어설 때 콰드라투스가 팔꿈치를 잡고 부축했다.

"아리스티온, 훌륭합니다! 훌륭해요!" 디오판테스가 탄성을 질렀다.

아우렐리아누스가 등잔 앞으로 걸어가서 금속 그릇을 호기심 있게 살펴보았다. 고향으로 돌아가서 서머나의 티베리우스 신전에서 그 기술을 모방하고 싶은 사람의 호기심이었다.

"칭찬은 몬타누스가 받아야 합니다." 아리스티온이 평소답지 않게 겸손하게 인정했다. "언젠가 어느 밀교에서 이와 같은 일을 하는 것을 보았습니다." 몬타누스가 설명하더니 "그 이상은 말씀 드릴 수가 없어서 죄송합니다."라고 심술궂게 능글능

글 웃으며 덧붙였다. "그 일이 이곳에서의 체험을 더 강렬하게 해 줄 수 있을 것으로 보였습니다."

"이런 식으로 다음 달 첫날에 황제상을 보여 주려고 합니다." 아리스티온이 덧붙여 말했다. "신전 앞마당에 와 있는 이들이 일제히 목격할 수 있도록 말이지요."

아리스티온이 뒤에 있는, 신전 내실의 열린 문을 향해 손짓했다.

"이렇게 해서 기본적으로 관람이 끝났습니다. 지금쯤 신전 시종들이 광장이 내려다보이는 북쪽 주랑 현관에 간단한 식사를 차려 놓았을 겁니다."

사람들이 돌아서서 안뜰을 가로질러 북쪽 주랑 현관으로 걸어갈 때 클라우디아누스가 아민타스 옆자리로 왔다.

"아민타스, 어떻게 생각하오? 그대가 함께할 훌륭한 신전이 아니오?"

아민타스가 다소 어색하게 대답했다. "고귀한 클라우디아누스, 사실은 말입니다. 정말로 인상적이고 … 굉장한 광경이었습니다." 아민타스는 그 이상의 대화를 피하는 편이 점심을 같이 먹으며 이곳에 남아 있는 것보다 현명하다고 판단했기에 다른 사람들을 향해 말했다. "저는 새 신전을 볼 수 있는 이 기회를 놓치고 싶지 않아서, 급한 집안일을 미뤘습니다만, 여러분과 함께 식사는 하지 못하고 지금 가 봐야 하겠습니다."

"그럼요, 아민타스." 아리스티온이 말했다. "오늘 아침에 함께할 수 있어서 기뻤습니다. 차후에 서로 더 잘 사귀기를 기대합니다."

바실리카 스토아의 그늘에서

아민타스가 도미티아누스 신전 아래 광장을 가로지르고 있을 때, 뒤에서 마치 누군가 자기를 향해 천천히 달려오는 듯이 점점 커지는 발소리가 들렸다.

"아민타스, 한마디 해도 되겠소?"

돌아서니, 니콜라우스가 다가오고 있었다. 니콜라우스가 함께 걷자는 뜻으로 앞쪽을 가리켰다. 두 사람은 광장을 벗어나 엠볼로스에서 시민 광장 방향으로 오른쪽으로 돌아서, 프리타네이온을 지나서 걸었다. 대대로 사제였던 이들의 이름이 프리타네이온의 원기둥을 덮고 있었다. 니콜라우스는 아민타스를 데리고 프리타네이온을 지나 바로 왼쪽에 있는 뜰에 들어서더니, 뜰 왼쪽에 있는 일곱 개의 넓은 계단을 가리켰다. 계단 맨 위에는 작은 쌍둥이 신전이 있었다. 한 신전에는 아르테미스를 2미터 남짓한 크기로 표현한 신상이, 다른 신전에는 신격화된 율리우스 카이사르를 같은 크기로 표현한 신상이 서 있었다.

"아민타스, 이 건물이 그대의 도시 백성에 대해 모든 것을 말해 주고 있소. 아르테미스를 숭배하라, 황제를 숭배하라, 그러면 잘 지낼 수 있으리라."

아민타스는 마음속에 그의 말에 반대하는 말이 넘쳐났으나, 한마디도 입 밖에 내지 않았다. 니콜라우스가 아민타스를 데리고 뜰에서 나와서 폴리오의 바실리카의 서늘한 그늘로 들어갔다. 총독이 소송을 심리하는 날이 아니어서, 넓은 집회장은 오늘 아침에 완전히 비어 있었다. 두 사람이 측랑을 걸어 집회장 맨 끝, 실물보다 크게 만든 아우구스투스상, 리비아상, 티베리우스상을 향해 갈 때, 니콜라우스는 자기가 보기에 아민타스가 에베소에서 성공하는 것을 가로막고 있는 문제의 해결책을 말하기 시작했다.

"아민타스, 나는 수십 년간 그리스도의 제자였소. 바울의 동역자 아볼로의 설교가 기억나오. 내가 막 스무 살 되었을 때 아볼로가 버가모에 도착했지. 하지만 지금 우리는 바울이나 아볼로와는 아주 다른 시대에 살고 있소. 우리는 적응해야 하오."

"한 분 하나님의 계명 중에서 가장 중요한 계명을 어기는 우상 숭배에 적응해야 한다고요?"

"유대인들은 자기네들이 받은 그 계명 준수를 황제들의 칙령으로 보호받고 있지. 그리고 성전이 파괴된 후로는 유대인들조차도 성전세 두 데나리온을 로마의 카피톨리누스 언덕에 있는 유피테르 신전 유지 운영 자금으로 바친다오."

"그렇게 은근히 재정 지원을 한다고 해서 이 근방 대다수 사람들이 유대인들을 무신론자로 보지 않는 것은 아닙니다." 아민타스가 되받아쳤다.

"맞는 말이지만, 그 덕분에 유대인들은 법적으로 관용은 얻었소. 유대인들은 그 관용이 우리에게까지는 미치지 않는다고 분명히 밝혔고. 이제는 회당 아래를 짐짓 피난처로 삼을 수 없소. 고작 십 년 동안에나 가능했지. 유대인들이 하나님을 마음껏 예배하기 위해서, 한때 하나님께 드리던 것을 이제는 자진해서 카이사르에게 바친다면, 우리라고 그렇게 적응하지 말아야 할 이유가 어디 있겠소?"

니콜라우스가 의회 회의실 벽에 바짝 붙은 돌 벤치 하나를 골라서 앉더니 옆자리를 툭툭 쳤다. 아민타스가 그 요청대로 벤치에 앉자, 이제 두 사람은 시민 광장에 있는 데아 로마와 신성한 아우구스투스 신전과 마주보게 되었다.

"이제 우리는 더 약아져야 하오. 그리스도의 재림이 곧 일어나리라고 기대해서는 안 되는 사건으로 여겨지고 있으니, 훨씬 더 장기전을 치르는 자세로 있어야 하오."

니콜라우스가 잠시 말을 멈추더니 시야를 꽉 채우고 있는 신전을 똑바로 내다보았다.

"버가모에는 배타주의 때문에 거의 패가망신한 그리스도인들이 있소. 그중에 이름이 안티파스(Antipas, 안디바)인 사람은 최악의 대가를 치르기까지 했소. 안티파스는 내가 처음 알았을 때는 안정적이고 부러워할 만한 생활을 누리고 있었으나, 이웃의 신앙심을 노골적으로 비판하여 결국 기피 인물이 되었소. 버가모 뒷골목에서 살해되고 말았지. 수사도 전혀 진행되지 않았소. 이 도시 저 도시로 다니며 독을 퍼트리는 전도자도 있소. 아무것도 거르지 않고, 언제 말해야 하는지 또는 자신의 메시지가 어떻게 전달될지 분별력이 전혀 없고, 우리의 신앙을 이 속주 백성에게 **좋은** 소식으로 소개하는 요령이 하나도 없지."

니콜라우스가 눈을 감고 무엇인가를 기억해 내려고 했다.

"요한이오. 그게 그 사람 이름이지. 운 좋게도 그때는 총독이 피를 보고 싶어 하지 않았소."

"그 사람은 밧모섬으로 추방되었습니다." 니콜라우스의 일장 연설에는 요한에 대한 동정도 유감도 없었지만, 아민타스는 동정과 유감이 담긴 말투로 덧붙였다.

니콜라우스가 몸을 돌리더니 돌연 진지하고 다급하게 아민타스를 바라보았다.

"똑같은 실수를 저지르지 마시오. 그렇게 할 필요가 전혀 없소. 그리스도를 섬기는 **동시에** 이곳에서 성공할 수도 있소. 또 그대가 그렇게 하는 편이 이곳에 있는 그리스도인들 **모두에게** 더 나은 일이겠지. 이 도시에서 우상을 미신으로 여기고 피하려다가 천덕꾸러기가 된 이들을 그대가 도와줄 수도 있고, 잘 지내고 출세하기를 바라는 그리스도인들을 위해서라도 그대 자신을 더 고달프게 하지 않을 테고."

니콜라우스가 자세를 느긋하게 하고서 아민타스에게서 눈을 뗐다.

"이십 년 전 내전에서 베스파시아누스가 승자로 부각된 후로 황제 숭배가 점차 중요해졌소. 그리고 전통적인 신 숭배는 우리 이웃에게는 늘 중요했고. 그들에게는 소중하고 의미 있는 일을 어리석은 착오에 불과한 것으로 취급할 때, 우리가 이웃에게 어떠한 증언을 하고 있는지, 이웃 앞에 어떠한 걸림돌을 놓고 있는지를 생각해 보아야 하오. 이웃들은 그리스도인들을 에피쿠로스의 무리보다 별반 나을 것이 없는, 그야말로 '무신론자'로 치부하기에 이르렀소이다. 이웃은 우리가 완전히 **신을 부정한다**고 생각하는데, 어떻게 우리가 그들이 한 분이시며 참되신 하나님을 예배하게 되기를 바라면서 종교에 관한 대화를 시작할 수 있겠소?"

아민타스는 더는 참을 수 없었다.

"아우구스투스 사제의 관을 쓰고서 희생 제물을 바칠 때 도대체 당신은 무엇을 간증하고 있는 겁니까? 거짓 신의 사제로 섬기면서, 다른 이들이 계속 그들의 창조주에게 반역하도록 거들면서, 우리 주께서 재림하시는 날에 어떻게 심판을 피하리라고 기대할 수 있습니까?"

니콜라우스는 아민타스의 질문이나 그 질문에 담긴 비난에 전혀 동요하지 않는 듯했다. 그는 참을성 있게 대답했다.

"나는 세례를 받고 주의 만찬의 신비에 참여함으로써 구원을 **받았소**. 그리스도의 생명을 내 생명 안에 받아들였소. 그대도 마찬가지지. 우리는 영원한 세계에 있는 우리의 자리를 더는 의심하지 않소. 아무것도 우리를 그리스도 안에서 우리를 향하신 하나님의 사랑에서 떼어놓지 못하오. 그러면 우리가 **현세와** 내세에서 최고로 잘 살아서는 안 되는 까닭이 무엇이오? '우리가 우상은 아무것도 아니라는 것을 아노라'라는 사도 바울의 말도 기억하시오. 어느 그리스도인들은 우상에 어떻게든 연루되지 않으려고, 우상에게 바쳐졌을 동물은 하나도 먹지 않으려고 애쓰다가, 그리스도를 알기 전보다 더 많이 우상에 힘과 믿음을 실어 주었소."

아민타스가 잠자코 있자 니콜라우스는 더 자신이 생겼다.

"아민타스, 이 우상들과 이 의식들에는 그대에게 해를 입힐

힘이 하나도 없소. 그리고 버가모에서 아우구스투스와 로마의 속주 신전 사제라는 지위 덕분에 내게는 복음을 전할 문이 열렸소. 나는 초하루 아침에는 아우구스투스에게 황소를 바치고, 저녁을 먹으면서는 에베소 최상류층에게 그리스도에 대해 이야기를 해 주었지."

"그래서 내 이웃인 세라피온이 당신에 대해 알게 되었군요."

"그렇소. 그리고 세라피온이 그 지식을 이용해서 그대를 특별히 곤경에 빠뜨렸다는 생각이 드는군. 이런 식으로 그대의 경쟁자를 도와준 일이 전혀 유쾌하지 않지만, 그대는 언젠가는 이 딜레마에 처할 운명이었고, 그 일이 그대에게 닥쳤으나 내가 마침 가까이에 있어서 제대로 충고를 해 줄 수 있어서 기쁘오. 버가모와 두아디라에 있는 우리 형제자매들 대다수는 긴 안목으로 보았을 때 이 조언이 그리스도의 제자들을 위한 방식이라고 받아들였소."

니콜라우스가 아민타스의 눈을 지그시 들여다보고는 그의 어깨에 손을 얹었다.

"이 도시 사람들은 여전히 그리스도 운동을 선택이라기보다는 위협이라고 여기는데, 이제 신전지기 도시로 세간의 주목을 받는 에베소의 새로운 지위를 고려하면 더욱 그럴 거요. 요한과 생각이 같고 요한에게 영향을 많이 받은 사람들을 폭로하는 데 많이 이들이 열심을 보일 테고, 세라피온은 그중 하나일 뿐이오. 아민타스, 신중을 기하고, 이웃들이 그대를 훌륭한 시민으로 여기는 데 필요한 일을 하시오. 그대 자신을 위해서, 모든 그리스도인들을 위해서 그리하시오. 집단으로서 그리스도인들의 평판은 그중 눈에 띄는 사람이 어떤 평판을 받는지에 영향을 받기 마련이니까. 이웃들을 위해서도 그리하시오. 세라피온 같은 사람에게 다가가는 방법은 우선은 그가 정말로 **이해할 만한** 신앙심을 보여 주는 것이오. 그러면 그를 이끌어 그가 **이해하지 못하는** 믿음에 이르게 할 수 있지."

니콜라우스는 아민타스의 어깨에 여전히 손을 얹은 채 벤치에서 일어났다.

"앞으로 며칠 동안은 그대가 이 일로 고심할 테니 그대를 위해 기도하겠소."

아민타스는 자기가 들은 말에서 마음의 평안을 전혀 느끼지 못했지만, 니콜라우스가 자기가 잘되기를 진심으로 바라고 있다는 느낌은 받았다.

"내일이 주일인데 예배할 장소는 있습니까?"

니콜라우스는 아민타스가 초대할 것을 예상하고 대답했다.

"없소이다, 아민타스."

"저희 집에서 모이는 사람들과 함께 예배하셔도 됩니다. 엠볼로스 맨 아래에 있는 타운하우스 가장 끝집, 언덕을 걸어 올라올 때 둘째 입구입니다."

"그대와 함께 예배하고 버가모 회중의 안부 인사도 전한다면 기쁘겠소이다."

"저희는 해거름 직전에 모입니다." 아민타스가 일어나 작별을 고하고 나서, 그 아침에 받은 인상을 놓고서 기도하려고 집으로 돌아갔다.

상인들 거처에서

티투스 플라비우스 제욱시스는 종일 선원들과 함께 레비아탄호(號) 위에서 시간을 보내면서, 배가 겨울 몇 달 동안 정박해 있도록 준비하는 지루한 과정을 시작했다. 안식일에 일하기가 늘 조금은 꺼림칙했으나 넓은 바다에서는 하루도 일을 쉴 수가 없었기에, 오래전에 제욱시스는 이스라엘의 하나님이라면 이해하시리라고 믿기로 마음먹었다. 하버 거리를 걸어 대극장 발치까지 올라간 다음에 멈춰 서서 오래된 우물집 세면대에서 쏟아지는 물에 얼굴과 손을 씻었다. 우물집은 보수 확장 중이었다.

망토 주름에 얼굴과 손을 닦고 나서 오른쪽으로 돌아, 끝에서 끝까지의 길이가 상당한 극장과 부속 무대 건물을 왼쪽으로 두고 지나서, 카르도 막시무스(Cardo Maximus)[2] 남쪽으로 걸어 내려갔다. 극장 뒤편에는 주택가가 무질서하게 뻗어 있었는데 여관과 길거리 음식점과 변소 때문에 엉망진창이었다. '모두 도시 생활에 필요한 것들이지.' 제욱시스는 생각했다. 반대편에, 그리고 오른쪽으로 이 모든 것들 아래에 어제 갔던 장터 광장이 펼쳐져 있었다. 카르도에서 몇몇 좁은 길과 큰 복도를 통과하면 장터 광장을 둘러싸고 있는 주랑 현관의 측랑 2층에 갈 수 있었다.

제욱시스는 카르도와 엠볼로스의 교차로까지 와서 왼쪽에 드넓게 펼쳐진 광장 옆에서 잠시 숨을 돌렸다. 거의 정면에 거대한 제단이 있었다. 조각으로 장식한 프리즈(frieze)[3]에서 맨 아래까지, 아르테미스가 제우스와 레토의 딸로 태어난 이야기를 전하고 있어서, 그 제단이 에베소의 아르테미스에게 봉헌되었음을 알 수 있었다. 오른쪽에서 눈에 띠고서 아치문을 바라보았는데, 그 문에서 갈 수 있는 포장도로는 산 위쪽으로만 나 있었다. 그것은 오르티기아 사당으로 가는 길로, 신화에서 오르티기아는 아르테미스 여신의 탄생지여서 봄마다 여신의 생

---

2 고대 로마 도시에서 남문과 북문을 연결하는 중앙 도로 - 옮긴이
3 그리스 로마 건축에서 원기둥 위에 수평으로 걸쳐 놓은 부분(엔태블러처 [entablature])의 중간 부분 - 옮긴이

일이 되면 여신의 신도들이 그 길을 걸었다. 아르테미스 행렬이 엠볼로스에서 내려와서 카르도 쪽으로 방향을 트는 것을 본 적이 있고, 한 번은 행렬이 카르도 대신 오르티기아 쪽으로 방향을 트는 것을 보기도 했다. 제욱시스는 세 길이 합류하는 지점, 즉 거짓 우상 숭배자들이 다니는 큰 길들의 주요 교차로에 서 있으니 더럭 공포심이 밀려왔다.

한 분 하나님의 진노가 반드시 불타오를 장소를 피하려는 듯이, 제욱시스는 본능적으로 몇 걸음 물러섰다. 틀림없이 엉뚱한 행동으로 보였을 터여서 누가 쳐다보지 않았는지 주위를 둘러보았지만, 에베소 사람들은 전혀 신경 쓰지 않고 걸어가고 있었다. 광장을 계속 살펴보다가 장터 광장 쪽으로 난 남문이 우연히 눈에 들어왔다. 수년간 이곳에서 거래하는 동안 남문의 아치 세 개를 수없이 지나다녔지만, 문 꼭대기에 아우구스투스상과 리비아상, 그 외 다른 조각상들이 있는 것을 지금껏 눈여겨보지 않았다. 비문을 올려다 본 적도 없었는데, 그 비문에서는 황제의 해방 노예 마자이오스와 미트리다테스가 "신성한 카이사르의 아들"인 아우구스투스와 황실에 무궁한 존경과 감사를 선포하고 있었다.

'아니, 이스라엘의 하나님의 진노를 피할 곳은 아무데도 없어.' 제욱시스가 머리를 흔들었고, 그러면서 불길한 예감을 떨

사진 3.6. 장터 광장 남쪽 모서리에 건설된 웅장한 문

쳐 버리고 원래 목적지를 향해 엠볼로스로 갔다. 왼쪽 둘째 골목으로 들어서서, 양쪽에 늘어선 가게들을 지나 조금 더 가자 이윽고 데메트리우스의 거처였다. 그는 커다란 작업장 두 개 사이 우묵한 벽에 만들어 놓은 나무 문을 쾅쾅 두드렸다. 작업장에서는 낮 시간에 많은 여자들이 데메트리우스가 히에라폴리스에서 수입한 모직으로 튜닉이나 망토 같은 옷을 만들었다. 금속 걸쇠가 철컥 소리를 내며 느릿하게 풀리자, 문이 활짝 열렸다.

"제욱시스, 어서 오세요. 그대에게 평화가 임하기를."

"데메트리우스, 고맙네. 그대 집에 평화가 임하기를."

제욱시스가 집으로 들어서자 뒤에서 데메트리우스가 문을 닫았다. 데메트리우스의 열두 살배기 딸 크레스테가 물 항아리와 대야를 들고 나타났고, 그 뒤로 테온이 수건을 들고 있는 모습이 살짝 보였다. 크레스테가 바닥에 대야를 내려놓고는 무릎을 꿇고서 제욱시스의 샌들 끈을 풀려고 했다. 제욱시스가 발을 차례대로 대야 위로 올리자 크레스테가 그 위에 물을 부었고, 테온이 수건으로 물기를 닦았다.

데메트리우스가 제욱시스를 자그마한 안뜰 주변으로 이끌어서, 일인용 카우치 세 개가 놓인 방으로 데리고 갔다. 올림피아스가 포도주 두 잔, 빵 한 바구니, 생선 구이 한 접시, 올리브 그릇 몇 개, 치즈 약간, 렌틸콩 스튜를 쟁반에 받쳐 들고 와서 카우치 사이에 있는 식탁에 차렸다.

"저희 집에 오신 걸 환영합니다." 올림피아스가 손님에게 말했다. "항해 철을 다시 안전하게 마무리하셔서 기뻐요."

"올림피아스, 호의와 환대에 감사하오."

"손님방을 준비해 두었어요."

"고맙소. 오늘 밤에 육지에서, 게다가 선원들 떠드는 소리 없이 자게 되면 기쁠 거요."

올림피아스가 자리를 뜨자 데메트리우스가 권하듯이 쟁반을 가리켰다. 제욱시스가 빵 한 조각을 집었고, 데메트리우스도 그렇게 했다.

"우리 주 하나님, 땅에서 음식을 내시는 우주의 왕이시여, 찬송을 받으시옵소서."

"자네는 우리 민족의 관례를 점점 더 잘 알아가고 있는 듯하군." 제욱시스가 놀란 기색으로 말했다.

"제욱시스, 저도 유일하신 하나님을 예배하는 사람입니다. 주 예수님이 제가 저를 둘러싸고 있던 우상에서 돌아서게 하시고, 더는 예수님과 관계가 끊어진 채로 있지 않게 해 주셨습니다."

"우리 민족 중에는 자네가 믿는 예수를 그렇게 믿을 사람이 별로 없네만, 나로서는 자네가 하나님을 두려워하는 사람들에 속한다니 기쁘네."

두 사람은 앞에 차려놓은 음식을 조금 먹고서, 포도주 몇 모금으로 삼켰다.

"데메트리우스, 우리가 알고 지낸 지 얼마나 되었지?"

데메트리우스는 잠시 생각하며 정확히 계산해 보았다.

"제가 알기로는 거의 12년이네요."

"자네는 내가 소아시아에서 자리를 잡았을 때 처음에 함께 일했던 사람들 중 하나지."

"어르신과 동업을 했다는 사실이, 제 주요 성공 요인이죠."

"그래서 내가 다른 사람들보다 자네에게 먼저 제안을 하려고 하는데, 정말로 자네가 받아 주면 좋겠네."

데메트리우스의 표정을 보니, 놀란 듯했다.

"데메트리우스, 나는 자네보다 스무 살이 더 많아. 한 철 한 철 지날수록 선원 생활이 점점 더 힘들어지고 재미는 덜해. 내 사업 중에서 이 부분을 몇 년 안에 가능한 한 빨리 내려놓고 싶네."

"아드님인 테오다스와 테오도루스는요?"

"걔네 둘은 완전 뭍사람이지!" 제욱시스가 코웃음 치며 말했다. "하지만 애들을 탓할 수가 없네. 바다가 얼마나 무자비한 여주인인지 자네도 기억할 걸세! 예전에 자네랑 내가 함께 항해해서 돌아올 때 두 번이나 난파를 당했지. 자네가 긴장해서 떨기도 전에 말일세."

"제가 첫아이를 낳기 전에 있었던 일 말씀이죠?"

"그렇지. 그래도 내 배가 아니라 다른 사람의 배를 조종할 때 난파를 당해서, 그나마 다행이었지. 그 점에서는 운이 좋았어."

"어르신은 직감이 있으시죠. 바다를 잘 아시잖아요."

"데메트리우스 자네도 마찬가지일세. 자네도 같은 직감을 가졌어. 그래서 내가 지금 자네를 찾아온 걸세."

제욱시스의 태도가 매우 진지해졌다.

"자네가 레비아탄호의 조타를 맡아 주면 좋겠네."

"레비아탄호요? 제가 제 사업을 어떻게 그만둘 수 있겠습니까?"

"그만둘 필요가 없네. 자네는 일 년 중 대부분은 집에 있을 수 있어. 항해 철에는 항구에 잠깐씩만 가 보면 되고. 올림피아스가 영리한 사람이어서 회계 장부를 잘 살필 수 있고, 자네 수하에는 일꾼이 아주 넉넉하지. 일손이 더 필요하면, 내가 구해 주면 되고. 아니면 항해 철에는 모직 제품을 죄다 로마로 가져가고 에베소는 문을 닫게나. 요전 날에 이탈리아 상인이 한 벌에 일곱 데나리온을 주겠다고 했던가? 오스티아 바이어들은 십 데나리온을 줄 걸세."

"정말 진지하게 말씀하시는군요."

"데메트리우스, 내 말을 끝까지 들어보게. 내 아들들은 바다로 갈 마음은 없지만, 걔네 아버지 못지않게 사업가 기질이 있어. 히에라폴리스와 라오디게아에 있는 우리 사업망 덕분에 이곳 에베소에서 자네에게 계속 충분히 공급을 해 주면서도, 내 아들들은 동쪽에서 파르티아와 교역망을 발달시킬 수 있었네. 파르티아 사람들은 로마 사람들만큼이나 우리 모직을 무척이나 갖고 싶어 해. 그리고 파르티아 사람들에게는 로마 사람들에게는 없는 게 있지."

제욱시스가 데메트리우스가 더욱 집중하도록 잠시 말을 끊었다.

"바로 인도와 타프로바네⁴와의 교역망이라네. 로마에서는 계피 일 킬로그램을 삼백 데나리온에 팔고 있지. 현재 우리 교역망을 이용하면 철마다 계피 이백 킬로그램을 수입할 수 있고, 십만 데나리온어치 모직 제품을 주고 받아올 거라네. 로마 최상류층은 아마 결국은 타프로바네에서 파는 가격보다 오십 배가 넘게 가격을 치르게 될 테고. 그들은 그 정도 돈을 낼 정도로 멍청하거나 제정신이 아니거든!"

● 자세히 들여다보기 ●

로마 제국의 경제에 관한 아일리우스 아리스티데스의 생각

요한은 상품과 자원이 세계 곳곳에서 흘러 나와 교역망과 권력망의 중심지인 단 하나의 도시를 향해 들어가는 모습을 묘사한다.

세상의 상인들도 그 도시를 두고 울며, 슬퍼할 것입니다. 이제는 그들

---

4 스리랑카의 옛 이름으로, 로마 시대에 스리랑카는 계피의 주요 공급원이었다.

의 상품을 살 사람이 하나도 없기 때문입니다. 그 상품이란, 금과 은과 보석과 진주요, 고운 모시와 자주 옷감과 비단과 붉은 옷감이요, 각종 향나무와 각종 상아 기구와, 값진 나무나 구리나 쇠나 대리석으로 만든 온갖 그릇이요, 계피와 향료와 향과 몰약과 유향이요, 포도주와 올리브기름과 밀가루와 밀이요, 소와 양과 말과 병거와 노예와 사람의 목숨입니다. (계 18:11-13, 새번역)

아일리우스 아리스티데스(Aelius Aristides)는 요한과 거의 동시대 인물이며 웅변가이자 건강염려증 환자였는데, 로마를 찬양하는 연설 중간에 놀라울 정도로 비슷한 묘사를 한다.

대륙들은 여기저기 멀리까지 흩어져 있으면서 로마에 쉴 새 없이 상품을 쏟아붓고 있다. 모든 나라와 강과 호수, 그리스인과 외국인들의 기술로 생산한 온갖 것을 무엇이든 철마다 육로와 해로에서 가져온다. … 이 모든 생산품을 보고 싶다면 온 세계를 두루 여행하든지, 아니면 이 도시에 오든지 해야 한다. 인도에서 온 많은 화물을 볼 수 있고, 원한다면 아라비아에서 온 화물도 볼 수 있다. … 어쩌면 그곳에는 나무들이 영구히 헐벗은 채로 있고, 그곳 사람들은 자기들이 무엇이든 필요할 때마다 자기네 상품을 이곳에 와서 달라고 애걸해야 하리라는 생각이 들 수도 있다. (*To Rome*[로마에게] 11-13)

두 사람의 관점 차이가 의미심장하다. 아일리우스 아리스티데스는 의식하지 못하는 듯하지만, 로마 경제에는 부정적인 측면이 분명하게 보인다. 즉 나무와 산물을 얻기 위해 다른 나라들의 산림이 실제로 파괴되고 있으며, 그러한 외국 땅의 주민들이 자기네 땅의 산물을 로마에 와서 '달라고 애걸'할 수밖에 없다는 놀라운 이미지가 있다. 그러나 아일리우스 아리스티데스는 속주의 최상류층 일원이고, 로마와 함께 침대에서 아주 편하게 뒹굴었으며, 이 체제에서 수익자 편이어서, 로마의 공식적이고 공개적인 해명을 대변한다. 반면에 요한이 본 것은, 로마가 자기 배를 채운 후에(요한이라면 '로마는 과연 자기 배를 채울 수나 있겠는가!' 하고 말할 것이다) 속주에서 최상류층이 아닌 이들에게 과연 무엇이 남아 있으며, 로마 제국의 경제 체제는 그런 이들이 이익을 얻거나 만족을 누리도록 구축되지 않았는데 그들의 삶의 질을 위해 도대체 무엇을 해 주었느냐 하는 것이다.

데메트리우스는 대화의 흐름이 보였다.

"그래서 제가 레비아탄호의 조타를 넘겨받는다면, 우리가 실질적으로는 파르티아에 있는 어르신의 공급업체에서 로마 시장 자체에 이르기까지 중간 상인을 모조리 배제시키게 되겠군요."

"바로 그렇소. 그렇게 하면 매년 우리 사업에서 순이익이 거의 오만 데나리온이나 되지."

"하지만 어르신은 지금은 거의 곡물만 운송하시잖습니까."

"그건 변함이 없을 걸세. 변할 수가 없네. 레비아탄호의 주요 화물이 곡식이고 주요 도착지가 로마인 한, 배는 갈 때든 올 때든 난파로 인한 손실에 대비해서 보장을 받지."

"그렇죠. 그 정책이 클라우디스 황제 이후로 계속 이어져 왔죠."

"그렇고말고." 제욱시스가 말을 이었다. "황제들은 수도에 사는 백성이 필요한 곡물은 모두 반드시 구할 수 있게 해 주기를 바라고, 곡물 운송선에 대한 보험만큼 좋은 유인책이 없네. 가장 크게는 그런 이유로 내가 레비아탄호의 선주가 되었을 때 옷감 직거래를 그만두었지. 내 배는 다른 어떠한 화물보다 열 배는 더 가치가 있어. 그래서 흑해 지역에 있는 내 교역망에서는 우리에게 계속 곡물을 공급할 걸세. 산처럼 쌓인 곡물을 옮길 일은 자네가 걱정할 필요가 전혀 없네. 항구에 있는 황제의 노예들이 로마에 공급할 곡물을 적재하고 하역할 테니. 자네는 서류만 처리하면 될 걸세."

제욱시스는 잠시 말을 끊고서 데메트리우스가 어느 정도로 관심을 보이는지, 아니면 반발하는지 살펴보았다.

"나는 늘 이탈리아에서 다시 화물을 실어 왔지. 대부분은 타렌툼산(産) 포도주와 테라 시질라타(terra sigillata)[5] 그릇과 접시를 담은 상자들로 아시아 최상류층이 자기네 식탁에 늘어놓고 싶어 하는 물건들이지." 제욱시스는 머리를 흔들 수밖에 없었다. "로마의 최상류층은 얼마나 속주에 있는 온갖 물건을 식탁에 비치하려고 하는지, 속주의 최상류층은 얼마나 로마 사람처럼 살고 싶어 하는지, 아니 적어도 자기네가 그렇게 살고 있다고 믿고 있는 것을 보면 언제나 웃긴다네. 그런 미친 짓 한가운데 있으면 우리가 돈을 잃을 리 없지! 하지만 자네가 원한다면 반송 화물에 대한 위험을 감수하는 일과 그걸 처리하느라 골머리 앓는 일은 그만할 수도 있어. 말린 나무껍질 몇 상자에서 나오는 이익이 배에 한가득 실은 도기보다 훨씬 많으니까."

"통행료와 관세는요? 그 비용이 얼마나 될까요?"

"한 데나리온도 안 된다네! 이곳 자네네 항구 벽에 새겨 놓은 법령을 한 번도 읽어 본 적 없나? '로마 주민에게 이바지하기 위해 운송하는 물자나 종교적인 목적으로 수송하는 물자에

---

5 고대 로마에서 널리 쓰던 광택 있는 적갈색 오지그릇이다. 혹은 그 그릇을 만드는 데 쓰던 점토질 흙을 말한다. - 옮긴이

대해서는 아무도 납세 의무를 지지 않는다.'"⁶

제욱시스는 모든 것을 분명하게 고려했다.

"데메트리우스, 자네에게 이렇게 제안하겠네. 매년 수익의 10분의 1을 받고, 또 … 15년 후에는 레비아탄호의 선주가 되는 걸세. 자네는 지금 나보다 젊고, 아마도 나는 죽을 테고." 제욱시스는 즐겁다는 듯이 코웃음을 치며 덧붙였다. "내 아들들은 자기들이 발을 디뎌 본 적도 없는 배를 그리워하지는 않을 걸세!"

데메트리우스는 어안이 벙벙해서 한동안 말을 잃은 채 앉아 있었다.

"제욱시스, 굉장히 후한 제의인데요."

"양쪽 가족들에게 모두 굉장한 일일 것이고, 믿을 만한 사람과 동업하게 되니 나로서도 굉장한 일일세. 지금은 아무 말 말게. 생각해 보게나. 시간은 있어. 나는 히에라폴리스와 파르티아 사이에서 겨울을 날 예정이고, 최소한 한 번은 더 항해 철을 지내야 하니까."

올림피아스가 토기 항아리를 들고 식당으로 왔다.

"두 분이 제국의 문제를 해결하셨나요? 아니면 포도주가 더

---

6 J. Nelson Kraybill, *Imperial Cult and Commerce In John's Apocalypse* (Sheffield, England: Sheffield Academic, 1996), 66.

필요하신가요?"

"사실, 제욱시스 어르신이 거의 다 해결하셨을 수도 있었소." 데메트리우스가 미소 지으면서 말했다. "허나, 포도주를 더 주시오."

이참에 크레스테와 테온이 방에 들어왔다.

"아버지, 안녕히 주무세요." 크레스테가 말했다.

"저희는 이제 자러 가야 해요." 테온이 실망이 적잖이 묻어나는 목소리로 말했다.

"테온, 괜찮아." 데메트리우스가 대답하면서 아들의 머리를 헝클어뜨렸다. "네가 일어나자마자 아침이 완전히 새로운 하루를 가져다줄 테니까. 같이 기도하자."

데메트리우스가 바라보자 제욱시스가 고개를 끄덕이며 승낙했다. 데메트리우스가 두 아이를 데리고 자그마한 안뜰 뒤로 가자 이미 올림피아스가 와 있었다. 그들은 서로 손을 잡고, 하늘을 우러러 기도하기 시작했다.

"하늘에 계신 우리 아버지여…."

4. 주의 날

카이사로스 4일, 10월 초하루 6일 전(9월 26일)

아침 기도

이층 손님방에서 제욱시스가 뒤척이기 시작했다. 육중한 문을 여닫는 소리가 자꾸 들려서 자다 말다 하고 있었다. 거리가 좀 떨어져 있고 손님방 문이 닫혀 있어서 대화가 불분명하게 들렸지만 제욱시스의 의식(意識)에 끼어들기 시작했다.

몸을 돌려 모직 이불을 목까지 더 끌어당기고, 더 깊숙이 베개에 파고들었다. 몸이 매트리스 속에 묵직하게 자리 잡은 기분이 들었다. 그때 아래에서 노랫소리가 올라오기 시작했다.

해가 떠서 세상에 빛을 비출 때
우리는 하나님의 아들이며, 세상의 진정한 빛이신 분을 찬양하노라…

제욱시스는 눈을 뜨고서 컴컴한 방을 둘러보았으나, 이른 아침의 빛이 문틈으로 슬그머니 들어와서 희미하게 비추고 있을 뿐이었다.

그 아들은 보이지 않는 하나님의 형상이시오,
모든 피조물보다 먼저 나신 분이라.
그분 안에서 만물이 창조되었도다.
하늘에 있는 것들과 땅에 있는 것들,
보이는 것들과 보이지 않는 것들,
만물이 그분으로 말미암아, 그분을 위하여 창조되었도다.

제욱시스는 더욱 집중해서 노래에 귀 기울였다. 두 무리가 서로 화답하며 노래를 부르는 듯했다.

그분은 만물보다 먼저 계시고,
만물은 그분 안에서 존속하도다.
그분은 몸의 머리시라.
그는 근원이시며, 죽은 사람들 가운데서 제일 먼저 살아나신

분이라.

이는 그분이 만물 중에서 으뜸이 되시기 위함이라.

하나님이 그분 안에 모든 충만함이 머무르게 하시기를 기뻐하시고,

그분의 십자가의 피로 말미암아 평화를 이루셔서,

그분으로 말미암아 만물을 자기와 화해시키셨도다.

제욱시스는 일어나 망토를 두른 후, 살며시 문을 열고 자그마한 안뜰을 유심히 들여다보았다. 데메트리우스와 올림피아스를 포함해서 열두 명 정도일 듯한 사람들 절반이 보였다. 데메트리우스 바로 옆에서 한 노인이 말하기 시작했다.

"우리는 주님의 제자인 베드로가 우리에게 전한 말씀을 함께 기억합니다. '사랑하는 여러분, 나는 나그네와 거류민 같은 여러분에게 권합니다. 영혼을 거슬러 싸우는 육체적 정욕을 멀리하십시오. 여러분은 이방 사람 가운데서 행실을 바르게 하십시오. 그렇게 해야 그들은 여러분더러 악을 행하는 자라고 욕하다가도, 여러분의 바른 행위를 보고 하나님께서 찾아오시는 날에 하나님께 영광을 돌릴 것입니다.' 그러니 다시 함께 맹세합니다."

제욱시스는 사람들이 한목소리로 말하는 소리에 귀를 기울

였다.

"우리는 도둑질이나 간음을 하지 않겠다고 맹세합니다. 우리는 손해가 있더라도 진실을 말하겠다고 맹세합니다. 우리는 요구가 있으면 언제든지 우리에게 맡긴 돈을 넘겨주겠다고 맹세합니다. 우리가 세상을 상대로 하는 모든 일에서 우리 때문에 그분들의 이름이 불리시기에, 우리는 하나님과 우리 주 예수 그리스도를 영광스럽게 하겠다고 맹세합니다."

● 자세히 들여다보기 ●

주후 1세기 전환기의 기독교 예배

주후 110년이나 111년, 플리니우스가 비두니아와 본도 연합 속주의 총독으로 있던 때, '그리스도인'이라는 일부 사람들을 비난하며 이들을 기소해 달라는 고소가 플리니우스에게 들어왔다. 특이하게도 플리니우스는 그때까지 이 '그리스도인' 현상에 대한 정보가 전혀 없었으나, 조사 과정에서 알게 된 내용에 따르면 이 무리의 관습은 아래와 같았다.

이들은 정한 날 새벽에 모여 그리스도가 신이라는 찬송을 교창하고 맹세를 하는 습관이 있는데, 그 맹세는 어떤 범죄를 저지르겠다는 것이 아니라 절도 행위나 산적 행위나 간음 행위를 하지 않으며, 약속을 어기지 않고, 자기들이 맡은 돈을 되돌려 달라고 하면 바로 주겠다는 것이다. 이러한 의식을 마치고 나서 헤어졌다가 다시 모여서 음식을 나누어 먹는 것이 이들의 관습인데, 그 일은 평범하면서도 무해하다.

(플리니우스, 『서한집』 10.96.7)[a]

플리니우스는 그리스도인들이 '여집사'라고 부르던 두 노예 여성을 고문하면서 조사하여 그 보고서를 성실히 확인했지만, 자기가 '천하고 끝이 없는 미신'(10.9.8)이라고 일컬은 내용 외에는 더 알아낸 것이 없었다. 그리스도인이라는 이유로 고소당한 이들이 기소를 면할 수 있으려면, 그리스도를 저주하고 트라야누스 황제와 전통 신들의 조각상 앞에 포도주와 향을 바치면 되었고, 플리니우스는 그러한 목적으로 조각상을 가져왔다(10.7.5). 자신이 그리스도인임을 끝까지 인정한다면, '고집스러움과 융통성 없는 완고함' 때문에 처형했고, 로마 시민인 경우에는 로마로 송환해서 황제가 평결했다(10.7.3-4).

신약성경 일부 구절이 초기 기독교 찬송 표현을 나타내는 것으로 보인다. 그중에 골로새서 1장 15-20절, 빌립보서 2장 5-11절, 계시록의 찬송 단락이 중요한 자리를 차지한다.[b] 틀림없이 바울은 자기가 받아서 전했다는 예전(禮典) 전승을 언급하면서 주의 만찬의 예전을 그대로 따라하고 있다(고전 11:23-26과 아마도 고전 10:16-17). 신약성경 이외에 1세기 후반 교회의 지침서로 알려진 『디다케』(Didache, '열두 사도의 교훈')는 주의 만찬을 기념하는 예전을 좀 더 복잡하게 제시하며(디다케 9-10), 떡과 잔을 나누면서 하는 기도와 식사 후 감사 기도도 포함하고 있다.

---

a. Pliny the Younger, *Complete Letters*, trans. P. G. Walsh, Oxford World Classics (New York: Oxford University Press, 2006)에서 인용.
b. 최근 조사와 자세한 연구는 Matthew E. Gordley, *New Testament Christological Hymns: Exploring Texts, Contexts, and Significance* (Downers Grove, IL.: Inter-Varsity Press, 2018) 참고.

노인이 다시 말하면서, 무리와 번갈아 가면서 암송을 시작했는데, 제욱시스는 그 암송 내용이 시편에서 따온 것임을 알아차렸다.

매일 저는 주를 찬송하고,
 주님의 이름만 끊임없이 찬양하렵니다.
주여, 오늘도 저희가 죄를 짓지 않도록 지켜 주시옵소서,
 이는 저희가 주를 의지하기 때문입니다.

주여, 저희가 주께 피하오니,
  주의 뜻을 행하도록 가르쳐 주옵소서.
주는 저희 하나님이시고,
  주에게서 생명의 샘이 흘러나오기 때문입니다.
주의 빛 안에서 저희가 빛을 보겠으니,
  주를 아는 이들에게 주의 자비를 베푸소서.

노인이 계속해서 말했다. "자, 주께서 가르쳐 주신 대로 기도합시다."

사람들이 함께 기도하기 시작했다. "하늘에 계신 우리 아버지여…."

'지난밤에 데메트리우스가 가족과 함께 드린 기도와 똑같군.' 제욱시스는 생각했다. 그 간구에는 트집 잡을 만한 것이 없었으므로, 제욱시스는 눈을 감고서 무리와 함께 "아멘"이라고 말했다. 그런 다음 문을 닫고서, 다시 침대에 누워 레비아탄호로 돌아가기 전에, 그리고 자기를 기다리고 있는 일을 하러 가기 전에 잠깐 더 쉬려고 했다.

대극장에서

세네카의 연극이 이제는 장황하게 훈계하는 독백으로 진행

속도가 느린 것으로 유명해져서, 며칠 전 테렌티우스의 이해하기 쉬운 희극에는 관중이 몰려들었지만, 그날 아침에 상연한 세네카의 「메데이아」(Medea)에는 관중이 모이지 않았다. 그렇지만 아리스티온과 몬타누스와 클라우디아누스는 그 아침에 로마의 미덕을 보며 기분 전환을 하러 왔고, 소재가 다소 부자연스럽고 따분하지만 배우들이 최선을 다해 연기했기에 박수를 보냈다. 관객이 떠난 후에 클라우디아누스는 노예 몇 명을 시켜 자신과 친구들을 위해 점심 식사를 근사하게 차리게 했다. 정오에 세라피온과 니콜라우스, 그 밖에 다른 이들도 자리를 함께했다. 클라우디아누스는 이들을 초대해서 살아 있는 신인 도미티아누스의 탄신일인 아펠라이오스 초하루에 훌륭한 새 신전 개관식에서 세바스톨로고스 역할을 담당할 인물을 결정하는 데 참여하게 했다.

아시아 여러 도시에서 온 낭독자들이 차례차례 높은 무대에 자리를 잡고서, 반원형 객석 중간쯤에 모인 소수의 귀족들 앞에서 찬사를 읊었다. 두 시간이 지났을 때 심사위원들은 결승 진출자 두 명으로 선택 범위를 좁혔다.

"서머나의 헤르모게네스의 말을 다시 들어봅시다." 클라우디아누스가 아래쪽 합창대석에 있는 극장 관리자에게 소리쳤다.

헤르모게네스가 긴 의자 첫째 줄 자리에서 일어나서 무대로

사진 4.1. 에베소 대극장. 한때 이만 명 이상 수용 가능한 객석이 있었다.

올라가, 목소리로 청중을 능숙하게 사로잡는 사람의 자세를 취했다. 고개를 숙여 절하고 정신을 가다듬듯이 잠시 눈을 감았다가, 돌연 극적으로 눈을 뜨더니 심사위원들에게 시선을 고정하면서 손가락을 쫙 펼치고 팔을 뻗었다. 마치 손을 뻗어 캔버스를 판판하게 하고서 그 위에 자신의 이야기로 그들의 초상화를 그리려는 듯했다.

이 도시, 영광스러운 로마를
용감한 로물루스가 건설한 지 721년,

견고한 성벽이 기초부터 흔들렸으니,

마르쿠스 안토니우스, 반역자요 배반자,

자기 욕정의 노예요 여왕의 노예인 자가

아우구스투스를 거슬러 출항하였도다.

그는 제국의 정당한 기둥, 사나운 이집트의 어둠과 그 마법을

저지한 빛.

언제나 그래야 하듯이 빛이 어둠을 이겼으니,

섭리로 돌본 신들을 찬양하라!

한 세기가 완전히 지난 후, 영원한 로마의 영원한 기초가

다시 최대의 시험에 놓이게 되었으니

군대가 군대를 대적하여 정렬하였도다. 다들 로마인이었으며,

다들 형제이지만, 동족상잔의 분노 속에

피 튀기는 전투 속에 서로를 쳤도다.

● 자세히 들여다보기 ●

네아폴리스 경기에서 행한 황제 숭배

나폴리(네아폴리스)가 엄청난 지진을 겪은 후에 아우구스투스 황제가 도시 재건에 상당한 원조를 지시했기에, 주후 2년 네아

폴리스는 황제에게 감사하는 행위로 올림픽 경기를 그대로 본 뜬 루디 네아폴리타나(Ludi Neapolitana), 즉 네아폴리탄 경기(Neapolitan Games)를 제정했다. 이 경기는 기본적으로 5년마다 열렸으며, 점차 인기와 평판이 좋아지자 그리스와 소아시아와 이집트에서 참가자를 유치할 정도였다. 아우구스투스와 황실에 바친 신전(현재 두오모 지하철 역사[驛舍] 자리)은 대리석판으로 장식되었으며, 그 판에 우승자의 이름을 새겼다.

특히 보존이 잘된 부분에는 주후 94년 경기가 기록되어 있다. 한 원기둥에는 통상적인 운동 시합(복싱, 레슬링, 판크라티온[모든 수단을 동원해서 싸우는 경기], 달리기, 왕복 달리기, 갑옷 입고 달리기, 장거리 달리기)과 우승자의 이름을 소개한다. 하지만 둘째 원기둥에는 운동 시합이 아닌 시와 연극과 연설 시합에 초점을 맞춘 행사가 같은 건수로 나온다. 우승자와 경기 종목에서 아래와 같은 내용을 볼 수 있다.

니코메디아의 퀸투스 그라니우스 멜폰,
- 아우구스투스 신(神)에 대한 최우수 찬가.
아폴로니우스의 아들인, 서머나의 헤르모게네스,
- 동일 주제에 관한 최우수 시(詩)
서머나의 티투스 플라비우스 디오니시오스,

- [리비아] 아우구스타 여신(女神)에 대한 최우수 찬가.

서머나의 리키우스 티텔리우스 루푸스,

- 동일 주제에 관한 최우수 시(詩).

서머나의 티투스 플라비우스 디오니시오스,

- 클라우디우스 신(神)에 대한 최우수 찬가.

네아폴리스의 가이우스 율리우스 발레리아누스,

- 동일 주제에 관한 최우수 시(詩).

서머나의 티투스 플라비우스 디오니시오스,

- 베스파시아누스 신(神)에 대한 최우수 찬가.

페린투스의 마르쿠스 안토니우스 테오필루스,

- 동일 주제에 관한 최우수 시(詩).

사미우스의 아들인, 버가모의 아테나고라스,

- 티투스 신(神)에 대한 최우수 찬가.

황제 카이사르 아우구스투스 [도미티아누스!],

- 동일 주제에 관한 최우수 시(詩).

운동과 관련 없는 경기 종목의 상당 부분이 신격화된 황제의 만신전을 찬양하는 시와 연설을 듣고 심사하는 일과 관련이 있었다. 주후 94년에 이러한 종목의 우승자들 중에 소아시아 도시 출신들이 얼마나 많은지 눈여겨보는 일도 흥미롭다. 도미티아누스도 친히 시합에 나갔고, 신격화된 자기 형을 찬양하는 경기에서 당연히 우승했다.

사진 4.2. 94년에 열린 네아폴리스 경기 중 황제 관련 행사 우승자들 근접 촬영.

"거기서 그만!" 아리스티온이 헤르모게네스를 향해 손을 들고서 외쳤다. "동족상잔의 분노라니, **그런 일**은 있어서는 안 되지." 아리스티온이 동료들에게 지적했다. "우리 영광스러운 황제께서 왕좌에 더 빨리 오르고자 자기 형인 신성한 티투스를 처치해 버렸다는 소문을 은근히 시인하는 말로 들릴 수도 있겠소."

"아리스티온, 훌륭한 지적이오. 우리가 헤르모게네스를 선택한다면, 그 내용은 좀 수정해야 하겠소." 클라우디아누스가 수긍하더니 밀랍 서판과 철필을 들고 있던 노예에게 그 내용을 기록해 두라고 말했다. 그런 다음 극장 관리자에게 신호를 보내자, 관리자는 헤르모게네스에게 계속하라고 명령했다.

다들 죽은 것 같아 보였으며, 제국은 혼돈에 빠질 지경이었으나
새 아우구스투스가 일어나니,
친아들이 아니지만 미덕과 탁월함이 아들처럼 닮아,
아우구스투스의 후계자이자 진정한 계승자가 되어서,
평화와 질서를 가져왔도다.…

"저는 저런 조처가 마음에 듭니다." 니콜라우스가 사람들에게 가만히 말했다. "분명히 대가 끊긴 사실을 인정하면서도 새로운 왕조의 적법성을 널리 알리니까요."

"정말로 그렇소. 베스파시아누스께서도 마음에 들어 하셨을 거요. 자신을 새로운 아우구스투스로, 아우구스투스의 가치관과 평화의 회복자로 보여 주려고 그리도 애쓰셨으니." 몬타누스가 인정했다. "그런데 우리는 이제 이 연설에서 베스파시아누스까지 왔을 뿐입니다."

"아버지를 칭찬했다면 **이미** 아들을 칭찬한 셈이지요." 세라피온이 헤르모게네스를 지지하면서 말했다.

… 그를 이어서 두 개의 빛이 세상을 밝히었으며,
어둠이 가까이 오지 못하게 계속 막았도다.
첫째 빛은 달처럼 부드러웠던
평온한 티투스, 동쪽에서는 반란을 진정시켰고,
서쪽에서는 신앙심과 미덕이 으뜸이었도다.
하지만 달이 새벽 즈음이면 꺼지지만,
세상을 어둠속에 내버려 두지 않고,
더 영광스러운 것에 자리를 내주듯이,
티투스의 고귀한 형제가 즉위하자
돌연 태양처럼 온전한 광휘가 세상을 비추었으니,
바로 우리의 주(主)요 신이신, 신성한 도미티아누스로다!

"그만!" 아리스티온이 다시 소리치며 헤르모게네스를 향해 손을 들었다. "똑같은 문제가 있소. '새벽 즈음이면 꺼진다'니. 도미티아누스가 태양이라면, 달을 '꺼 버렸다'는 거요?"

"하나 더 적어 두거라." 클라우디아누스가 대서인에게 지시했다.

4. 주의 날　　　　　　　　　　　　　　　　　　171

니콜라우스가 말했다. "우리가 다들 신성한 황제에 대한 루머에 신빙성을 부여하거나 시인하는 듯이 보여서 불쾌감을 주지 않도록 조심하고 있지만, 지나치게 조심해서 우리의 황제를 마치 편집증적인 폭군인 듯이, 또 이 나라의 관대한 아버지 같은 분인데 그렇지 않은 듯이 대우하는 것도 똑같이 잘못하는 일이겠습니다."

"니콜라우스, 타당한 의견이오." 아리스티온이 받아들였다. "'꺼지다'를 '빛을 잃다'로 수정하기만 하면 될 것 같소."

니콜라우스가 이어서 말했다. "마침 이때에 여러분에게 작별 인사를 해야겠습니다. 다른 곳에 약속이 있기도 하고, 여러분의 대중목욕탕에 들러 보고 싶으니까요. 여러분의 시에서는 제가 객에 불과하다는 것을 압니다만, 저로서는 우리 황제를 기리려고 만든 찬사 중 으뜸이라고 서머나의 헤르모게네스에게 한 표 주고 싶습니다. 다른 결승 진출자인 아테나고라스가 저희 고향 도시인 버가모 출신이기는 하지만 말입니다."

"서머나에서 온 손님들이 오늘 아침에 떠나서 유감이오. 버가모 사람이 그렇게 말하는 것을 듣는다면 흐뭇했을 테니." 클라우디아누스가 말했다.

"그분들이 여기 계셨다면, 저는 아마 그렇게 그분들을 흐뭇하게 해 드리지 못했을 겁니다." 니콜라우스가 능글맞게 히죽

거리며 응수해서, 다른 이들이 재미있어 하며 고개를 끄덕였다.

"니콜라우스, 오늘 밤에는 어디에서 저녁을 드실 거요?"

"실은 아민타스의 집에서 먹기로 했습니다. 그리고 내일은 다시 버가모로 돌아가야 합니다. 에베소 전체가, 특히 여러분이 저를 환대해 주신 일에 마음 깊이 감사합니다."

클라우디아누스가 말했다. "니콜라우스, 전체 속주에서 우리 황제들을 숭배하는 의식에 동료를 모실 수 있어서 영광이었습니다. 다음 달에 다시 와서 한 주 동안 새 신전 개관식에 저희와 함께하는 것도 고려해 주시죠."

"고귀한 클라우디아누스, 저도 기쁘게 생각합니다. 최선을 다해 보겠습니다."

세라피온이 덧붙였다. "그리고 아민타스를 만나시면, 저희가 내일모레 시 의회에서 대답을 듣기를 기다리고 있다고 상기시켜 주십시오."

"고귀한 세라피온, 그러도록 하지요." 니콜라우스가 대답은 했지만, 세라피온이 시에서 명예로운 자리를 이용해서 형제를 함정에 빠뜨렸기 때문에 그를 혐오하는 기색은 숨겼다. "틀림없이 아민타스는 자기가 그러한 명예로운 자리를 차지할 자격이 된다고들 여겨 주신 데 대해 결국에는 매우 감사해할 겁니다. 자기 자신은 그러한 책무를 감당할 수 없다고 여긴다고 해도 말입니다. 다들 안녕히 계십시오."

아민타스네 모임

아민타스와 집사 메네스는, 타운하우스 바깥문에서 똑똑 두드리는 소리에 답하며 동시에 안마당을 가로질렀다.

아민타스가 말했다. "메네스, 메네스, 오늘 밤에 자네는 내 노예가 아니라 내 형제네. 내가 나가 보겠네."

메네스는 자신의 어쩔 수 없는 습관에 미소 짓고서 고개를 끄덕이더니, 돌아서서 다시 집 안으로 들어갔다.

아민타스가 걸쇠를 풀고 문을 열었다.

"어서 오십시오, 니콜라우스. 제 초대를 받아 주셔서 기쁩니다."

"아민타스, 내가 더 고맙소. 나는 그대가 여기에서 어떻게 예배하는지 체험해 보기를 기대하고 있었소."

"네, 그러시기를 바랍니다." 아민타스는 이렇게 말하면서 안마당을 향해 손짓했다.

두 사람은 안마당과 아민타스의 사무실을 지나갔다. 사무실은 프레스코로 뮤즈 여신 아홉 명을 그려서 아름답게 장식해 놓았다. 그들은 세 면에 원주를 세운 복도가 딸린 안뜰에 들어

사진 4.3. 아홉 명의 뮤즈 여신으로 장식한, 테라스 하우스의 내실 근접 촬영 사진.

섰다. 스무 명 정도가 복도와 지붕 없는 안뜰 여기저기 흩어져 있는 방석에 앉아 지난주에 자신에게 무슨 일이 있었는지 이야기를 나누고 있었다. 옷차림으로 보아 하니, 태반이 장인(匠人)이나 노동자였다. 노예 목걸이를 하고 있는 사람들도 있었다. 아민타스는 니콜라우스와 함께 잠시 숨을 돌리면서 좀 좋은 옷을 입은 청소년 둘을 가리켰다. 딸 트리파이나와 아들 세쿤두스가 친구들과 함께 복도에 앉아 있었다. 모든 이들이 대부분 어느 육십 대 남자를 향하고 있었는데, 그 남자는 안뜰에서 원주를 세운 복도가 없는 나머지 한 면의 벽에 기댄 채 방석에 앉아 있었다. 아민타스의 아내 크리산테가 노인의 왼쪽에 앉아 있었고, 크리산테의 좌우에 빈 방석이 있었다. 아민타스가 먼 쪽에 있는 방석을 가리키며 니콜라우스에게 권했고, 자기는 아내와 노인 사이에 있는 자기 자리에 앉았다. 아민타스가 한 손을 들고 안뜰 전체에 있는 형제자매들과 눈을 맞추고서, 말없이 자리 정돈을 요구했다.

아민타스가 알렸다. "우리가 존경하는 장로, 트로피무스(Trophimus, 개역개정에서는 '드로비모')께서 리쿠스 골짜기의 자매 교회들을 돌보면서 몇 달을 보내신 후에 다시 우리에게 오시게 되어서 감사합니다."

도착해서 아직 장로에게 인사하지 못한 이들이 이제 분명히 환영하는 목소리를 냈다.

"여기에는 손님도 계십니다. 버가모에서 오신 니콜라우스이십니다."

"버가모에 있는 형제자매들이 보내는 안부 인사를 전합니다." 니콜라우스가 말했다. "여러분과 함께할 수 있게 해 주셔서 집주인에게 감사합니다."

참석한 사람들 다수가 니콜라우스에게 인사했지만, 몇몇은 그에게 인사하는 대신 서로 이러고저러고 귓속말을 하고 있음을 아민타스는 눈치챘다.

"어서 오시오, 니콜라우스." 트로피무스가 말했다. "오늘 밤 저희와 함께하시게 되어서 반갑습니다. 이제 기도합시다." 두 팔을 앞으로 들어 올리고 양손바닥은 하늘을 향한 채로 트로피무스가 계속 말했다. "거룩하신 아버지, 아버지의 거룩하신 이름이 저희 마음 가운데 거하게 하시고, 아들 예수님을 통해 저희에게 지식과 믿음을 주시고 죽지 않음을 밝히 알려 주시니 감사합니다. 영광이 아버지께 영원히 있사옵나이다."

한목소리로 "아멘" 하는 소리가 안뜰에 울려 퍼졌다.

● 자세히 들여다보기 ●

에베소에 있던 기독교의 다양성

1세기 말엽, 에베소에서 기독교는 매우 다양했을 가능성이 크다. 주로 기독교인들이 함께 많이 모이기 어려운 물리적 한계 때문에, 즉 가정교회라는 현실 때문이었다. 부유한 기독교인의 널찍한 타운하우스라고 하면 '공공' 구역에, 이를테면 집안 구조상 중심에 있는 큰 안뜰에 기독교인 서른 명 안팎이 정기적으로 모일 공간을 제공할 수 있었을 것이다. 그러나 모든 가정교회가 부유한 가정에서 모였다고 추정할 수는 없다. 장인(匠人) 가정이 작업장과 생활 공간을 개방했다면 기독교인 열 명에서 열두 명을 수용할 수 있었을 것이다. 로마 세계의 어느 도시에든 기독교 인구가 얼마였는지 모르지만, 기독교 운동이 그때까지 어느 정도 성공해서 에베소 인구의 0.5퍼센트를 차지했다고 가정한다면, 기독교인을 천 명에서 천이백 명 정도로 예상할 수 있다. 가정교회가 평균 스물다섯 명 규모라고 가정한다면, 마흔에서 마흔다섯 개 집단이 나오고, 각기 가정교회 모임으로 어느 정도 지속적으로 만났을 것이다. 돌아가며 모였거나 큰 집회를 했다면 일체감을 주고 동질성을 발달시키기 시작할 수 있었겠지만, 그랬다는 증거가 전혀 없다.

폴 트레빌코가 에베소 기독교에 대한 획기적인 연구에서 제안한 내용에 따르면, 1세기 말엽에 에베소에 있던 가정교회로는, 바울의 선교와 신학과 관련 있는 가정교회들, 목회서신에서 반대한 교사들이 양육하던 가정교회들, 요한일서의 수신 대상이자 요한복음의 전승으로 양육되던 사람들이 집단을 형성한 가정교회들, 요한 계통 교회를 떠난 사람들이 독자적으로 구성한 가정교회들(요한일서 저자의 책망 대상), 이러한 설명 내용에 포함되지도 않으며 다른 자료에서 존재는 알려져 있으나 위치는 알려지지 않은 가정교회들이 있었다.[a] 2세기의 놀라운 성취는, 바로 이러한 다양성에서 더 큰 일치와 결속이 생겨나서, 결국은 정통 기독교의 정체성을 형성했다는 것이다. 그 과정을 틀림없이 (또 역설적으로) 도와준 것은 기독교 이단이 상당수 나타난 것인데, 다른 이들은 그에 맞서면서 확고해질 수 있었다.

---

a. Paul Trebilco, *The Early Christians in Ephesus from Paul to Ignatius* (Grand Rapids: Eerdmans, 2007).

"하나님이 우리에게 각각 은사를 주셔서 몸을 굳건하게 하셨습니다." 트로피무스가 말했다. "오늘 밤에 찬양이나 교훈하는 말씀이나 그 외에 성령께서 주신 은사를 가져오신 분이 계십니까?"

한 젊은이가 안뜰 구석에서 머뭇거리며 손을 들었다.

"부르후스 형제? 좋아요, 무얼 가지고 왔습니까?"

"찬양을 하나 작곡하고 있습니다. 위를 올려다보면 해가 저물면서 하늘을 아름답게 밝히는 이 저녁 시간에 딱 맞는 곡이죠."

"우리가 형제의 노래를 들을 수 있도록 안뜰로 나오세요."

다른 형제자매들은 회랑과 안뜰의 방석에 앉아 있고, 부르후스가 조심스레 그 방석 사이로 걸어 나와서 탁 트인 하늘 아래 섰다. 위쪽으로 뚫린 공간으로 시선을 향한 후에, 부르후스가 놀라울 정도로 힘 있고 깨끗한 음색으로 노래하기 시작했다.

예수 그리스도, 죽지 아니하시는 아버지의
거룩한 광채의 가장 따스한 빛,
하늘에 계시며, 거룩하시고, 복되십니다.
우리가 해거름에 나아올 때,
그 저무는 빛을 보면서
성부와 성자와 성령 하나님을 찬양합니다.
주님은 어느 계절에나 기쁜 목소리로 찬양받기에 합당하시며,
하나님의 아들이시오, 생명을 주시는 분입니다. 그리하여 모든
창조 질서가 주께 영광을 돌립니다!¹

부르후스가 찬양을 끝내자, 둘러앉아 있던 사람들 몇 명이 하나님과 하나님이 기름 부으신 분을 가만가만 찬양하기 시작했다. 다른 사람들이 합류하고, 각 사람이 자기 옆 사람의 환호성을 들으면서 대담해지자 소리가 차츰차츰 커져서 이윽고 안뜰에는 예수님과 하나님의 위엄과 선하심을 자발적으로 고백

---

1 1세기로 연대를 추정할 수는 없지만, 이 옛 찬양은 4세기 초 무렵 기독교 예전의 한 부분이었던 듯하다. 이 찬양은 *Apostolic Constitutions* (8.34)에 나오며, 대(大)바실리우스가 '옛 찬양'이라고 언급한다(*On the Holy Spirit* 29, 73).

하는 회중의 소리가 가득 차서 흘러넘쳤다.

즉흥 합창이 잠잠해지기 시작하자 트로피무스가 말했다.

"예수님은 유일하신 하나님의 진정한 아들이시며, 어느 계절에나 기쁜 목소리로 찬양받기에 참으로 합당하십니다. 부르후스 형제, 우리가 경배하도록 인도해 주어서 고맙습니다. 그 찬양은 다음에 또 듣도록 하겠습니다. 함께 나눌 내용을 갖고 오신 분이 또 있습니까?"

장인인 디오도토스가 말했다. "저는 말씀을 나누고 싶습니다. 제가 한동안 마음에 늘 지니고 다니던, 우리 주님의 말씀입니다. '너희가 나 때문에 모욕을 당하고, 박해를 받고, 온갖 악한 말을 들으면, 너희에게 영광이 있다. 기뻐하고 즐거워하여라. 하늘에서 받을 너희 상이 크기 때문이며, 너희보다 먼저 예언자들이 그렇게 박해를 받았으니.'"

"이 말씀이 형제의 얼굴에 있는 멍과 관계가 있습니까?" 트로피무스가 물었다.

디오도토스가 고개를 끄덕였다. 트로피무스가 나이가 있어서 조금 힘겹게 일어서더니 디오도토스에게 걸어와 곁에 무릎을 꿇었다.

"몸의 한 지체가 아프면, 몸 전체가 그 아픔을 느낍니다. 우리 형제와 가까이 있는 분들은 이리로 와서 형제에게 손을 얹고 같이 기도합시다."

트로피무스는 사람들이 디오도토스를 둘러싸도록 잠시 기다린 후에 기도를 시작했다.

"주 예수님, 주께서는 조롱과 구타와 훨씬 심한 일을 저희를 위해 참으셨습니다. 주의 종 디오도토스가 주를 위하여 기꺼이 학대를 견디었으니 살펴보아 주시옵소서. 형제에게 계속 힘을 주셔서 이렇게 잠시 당하는 가벼운 고난이 주의 나라에서 형제를 위한 크나큰 영광으로 쌓이게 하옵소서. 아멘."

"아멘." 디오도토스를 빙 둘러싼 이들이 말했다.

"주여, 주의 나라가 임하게 하시옵소서." 다른 이들이 말했다.

"주여, 주의 이름을 미워하는 자들은 저주를 받게 하소서." 다른 이가 덧붙였다.

"어서 오셔서, 주여, 주의 대적들에게 원수를 갚으시옵소서." 다른 이도 기도했다.

"자, 형제 여러분, 우리는 날 때부터 진노의 자식이었습니다." 트로피무스가 말했다. "우리는 예전 우리처럼 계속 살아가고 있는 이들의 마음을 주께서 변화시켜 주시기를 기도해야 합니다."

트로피무스가 이번에는 디오도토스와, 또 가까이 앉아 있던 다른 형제의 도움을 받아 자리에서 일어나, 아민타스와 크리산테 옆에 있는 자기 자리로 돌아왔다.

"함께 나눌 다른 말씀이나 계시가 있습니까?"

중년 남자가 손을 들었다.

"그래요, 프론토 형제?"

"말씀이라기보다는 약간 걱정스러운 문제입니다."

"나눠 주시지요."

"우리 형제 아민타스와 관련한 문제입니다."

트로피무스가 흠칫 놀라 오른쪽에 있는 집주인을 바라보았지만, 아민타스는 전혀 놀란 기색이 아니었다.

"아민타스, 저는 굳이 마을의 소문을 말하려는 것이 아닙니다." 프론토가 설명했다. "저는 어제 공중 화장실에 앉아 있었어요. 남자 셋이 이야기하며 들어왔는데, 온통 형제 이야기였어요. 그 사람들은 형제가 도미티아누스의 새 신전 관계자 자리를 제의받았다고 했지만, 그 말 때문에 제가 걱정한 게 아니에요. 아민타스같이 사회적 지위가 있는 사람이라면 그처럼 무익한 행위를 맡으라고 권유받는 건 아주 당연한 일이니까요."

프론토가 잠시 숨을 돌렸다.

"제가 걱정하는 까닭은, 그 사람들 말에 따르면 형제가 아직 대답을 하지 않았기 때문이에요."

웅성거리는 소리가 이어지자 트로피무스가 조용히 하라고 손짓을 하면서 말했다.

"형제자매 여러분, 조용히 해 주십시오. 아민타스, 그게 사실입니까?"

"네, 트로피무스. 저는 시 의회에 지금부터 이틀 후에 대답을 해 주겠다고 했습니다. 방심하고 있다가 그 제의를 받고 당황했습니다."

"그 일을 맡을 생각은 아니겠지요, 그렇죠, 아민타스?" 프론토가 물었다.

"당연히 아민타스는 그 일을 하지 않을 겁니다." 트로피무스가 대답했다. "아민타스는 우상 숭배와 비슷한 어떠한 것에 끼어들 정도로 어리석지 않습니다. 우상 숭배는 무지몽매한 이방인들의 근본적인 죄니까요. 그렇지 않습니까, 아민타스?"

"물론이죠. 그 일은 하지 않는 게 더 낫겠죠." 아민타스는 불편한 기색으로 침묵하다가 마침내 말을 꺼냈다.

"하지 않는 게 더 **낫다**?" 트로피무스가 견디지 못하고 돌연 말했다. "'우상 숭배하는 일을 피하라.' 바로 이것이 우리 모두에게 사도께서 전하신 말씀입니다. 아르테미스든 아우구스투스든 그 무엇이든, 저들이 자기네 우상 주위에서 벌이는 광대짓은, 우리 창조주 하나님의 영광을 도둑질해서 귀신들에게 바치는 거요!"

니콜라우스는 더는 아무 말 없이 있을 수 없었다.

"자, 형제 여러분. 아민타스를 도와주고 이해해야지, 정죄하거나 압박을 가해서는 안 됩니다."

회중의 눈이 버가모 사람에게 쏠렸다.

"중요한 명예와 기회가 여러분의 형제 앞에 놓였습니다. 그리고 아민타스의 위상과 지명도가 올라가고 인맥이 넓어지면, 이 모임에 있는 모든 이들을 도울 역량도 커집니다. 그리스도를 전할 때 아민타스에게 마음을 열게 될 다른 이들은 물론이고요."

디오도토스가 끼어들었다. "그런 기회는 우리 주님한테도 사탄이 제안했죠! 하지만 예수님은 대적 사탄에게 머리 숙여 경배하지 않으셨어요. 아민타스는 그렇게 해야 한다는 말씀입니까?"

"저는 우리의 신앙이 장기적으로 살아남으려면 세상에 적응할 필요가 있다고 말하려는 겁니다. 대다수가 우리를 무신론자로 여긴다면 우리는 아무도 도와줄 수가 없어요. 버가모에는 그러다가 **몰락한** 신자들이 있습니다. 여러분은 형제를 그런 길로 밀어 넘어뜨리기를 원하십니까? 형제가 자기와 가족을 위해서 다른 곳으로 가 버릴 수밖에 없게 된다면 어쩌겠습니까?

우상에 대한 미신적인 두려움 때문에, 여러분은 이 모이기 좋은 장소를 잃어버리시겠습니까?"

"미신적인 두려움이라고?" 디오도토스가 분개하여 쏘아붙였다. "우상 숭배에는 전혀 참여하지 말라는 것이 유일하신 하나님의 명령이오! 그리고 나는 아민타스가 에서처럼 자신의 영원한 기업을 이생에서 몇 십 년 안락하게 사는 것과 바꾸어 버리는 바보짓을 하는 것을 바라지 않소. 나는 우리가 우상과 친교를 맺으면서 유지되는 집에서 모이느니, 차라리 동굴에서 모이는 걸 택하겠소!"

"우상은 아무것도 아니오!" 니콜라우스가 이렇게 선언하면서, 자기와 생각이 다른 이들에 대한 경멸을 더는 숨기지 않았다. "우상은 돌 쪼가리에 불과하며 선이든 악이든 행할 영적 능력이 전혀 없소이다. 우상을 실제보다 더 대단하게 대하지 말고, 여러분의 삶을 필요 이상으로 힘들게 만들지 마십시오."

"아민타스, 이 사람은 도대체 누구죠?" 프론토가 질문이 아니라 항의하듯이 말했다. "형제는 이 모임에 누구를 데려온 거죠?"

"나는 여러분과 같은 그리스도인입니다." 니콜라우스가 대신 직접 선언했다. "그리고 우리의 운동이 사회의 좁은 틈과 갈라진 틈 속으로 점점 더 쏠려 들어가기보다는 융성하는 모습을 보기를 원합니다."

"그대는 **우리**와 같은 그리스도인이 아닙니다, 버가모의 니콜라우스." 프론토가 쏘아붙였다. "사도의 말씀에 따르면 '하늘과 땅에 **소위** 신들이 많이 있으나' 진짜 그리스도인들에게는 한 분 하나님, 한 주님만 있습니다."

트로피무스가 덧붙였다. "내가 이 속주에서 어느 비문을 보니 도미티아누스의 아버지인 베스파시아누스를 터무니없이 '모든 인류의 구원자이자 시혜자(施惠者)'로 높이고 있었습니다.[2] 사람들을 신으로 숭배하는 일은 인류의 참된 구원자이자 시혜자이신 우리 주 예수님께 대한 중대한 모욕입니다. 아민타스, 나는 형제가 이 악한 시대에 어떠한 이익을 위해서라도 우리 주님의 대적이 되지 않기를 기도합니다."

"이렇게 부당하면서도 타협의 여지가 전혀 없는 생각에 빠져 있다니, 여러분은 모두 끔찍한 실수를 저지르고 있는 겁니다." 니콜라우스가 말했다. "내가 말하고 있는 내용은 경험에서 배운 겁니다. 내가 버가모에서 아우구스투스의 제사장으로 활동한 덕분에 버가모에 있는 그리스도인들을 위해 참으로 관용의 씨를 많이 뿌릴 수 있었다는 걸 압니다. 여러분 같은 생각을

---

[2] David Magie, *Roman Rule in Asia Minor* (Princeton, NJ: Princeton University Press, 1950), 572.

따르다가 우리 중 한 명은 결국 무의미하게 죽임을 당했고요."

니콜라우스의 고백을 듣고 다들 놀라서 할 말을 잃었다.

"그렇다면 당신은 우상 숭배자군요?" 디오도토스가 질문이라기보다는 비난하는 투로 말했다

"나는 존중받는 데 필요한 행동을 했을 뿐입니다."

"그렇다면 당신은 그리스도의 제자가 아니죠!" 프론토가 단언했다.

"당신은 그리스도를 따를 때 가장 먼저이고 중요한 단계를 지키지 않았어요." 디오도토스가 맞장구를 치며 덧붙였다. "우상을 버리고 하나님께로 돌이켜서, 참되시고 살아 계신 하나님을, 오직 그분만 섬기는 것 말입니다."

아민타스가 손을 들었다.

"형제들이여, 이제 그만, 그만하십시오. 저는 아내와 이 결정을 놓고서 기도하면서 하나님이 우리를 인도해 주시기를 구하고 있습니다. 하나님이 이끄시는 길을 우리가 분명하게 분별하도록 여러분이 우리를 위해, 우리 곁에서 기도해 주시기를 진심으로 바랍니다."

프론토와 디오도토스 둘 다 더 질문할 거리가 있어서 아주 불안해 보였지만, 침묵을 지켰다.

"아민타스, 정말로 형제를 위해서 기도하겠습니다." 트로피

무스가 분명하게 말했다. "또 우리가 확신하기로는, 형제가 무엇을 해야 할지 하나님이 형제의 마음을 결정지어 주실 겁니다."

트로피무스가 전체 회중을 둘러보고서 그들에게 손을 뻗어서 예배에서 다음 순서로 넘어갈 것을 권했다.

"다함께 마음을 준비하여 하나님이 그리스도 안에서 그분이 택하신 자들을 위해 해 주신 일에 감사합시다."

"존경하는 트로피무스, 저희는 여기 있는 **저 사람**과는 함께 할 수 없습니다. 사도께서 아주 분명하게 말씀하셨듯이, 우리는 우상 숭배자이면서 스스로 형제라고 일컫는 사람과는 교제해서는 안 됩니다." 프론토가 말했다.

"그런 사람과는 음식도 같이 먹지 말아야 합니다." 디오도토스가 덧붙였다. "주의 만찬은 당치도 않고요. 거룩한 것을 개에게 주면 안 되니까요."

니콜라우스는 그 은근히 비꼬는 말에 눈에 띄게 온몸이 굳었다.

"이분은 저희 집에 저희 손님으로 여기에 계신 겁니다." 아민타스가 항의했다.

트로피무스가 대답했다. "아민타스, 이곳이 **형제의 집**이기는 하지만, 이것은 **주의 식탁**입니다. 유감이지만, 이 형제들 말이

맞습니다."

트로피무스가 자리에서 일어났는데, 마치 엄숙하게 행동하려는 듯했다.

"니콜라우스, 그대가 다시 한 번 우상과 하나가 되었으니, 스스로 그리스도에게서, 또 한 분이시고 참되신 하나님에게서 끊어졌습니다. 회개하고 그대의 길을 바르게 할 때까지는, 또 회개하지 않고 바르게 하지 않는다면 그대는 이 교제에서 제외되며 저주받은 자입니다. 우리는 그대를 사탄의 나라와 권세에 돌려주겠소."

"아멘, 그렇게 될지어다." 회중 대다수가 맹세했다.

니콜라우스는 믿을 수 없다는 듯이 장로를 바라보았으나 장로는 조금도 물러서지 않았다. 곧이어 팽팽한 침묵 속에 사람들이 일제히 니콜라우스를 쳐다보았고, 니콜라우스가 묵묵히 떠나겠다는 신호를 보내며 일어나자 그제야 긴장감이 누그러졌다.

아민타스가 항의하려고 했으나 니콜라우스가 선수를 쳤다.

"아민타스, 괜찮소. 나나 그대를 위해서 걱정하지 마시오. 뒤떨어진 이 시골뜨기들이 그대의 집에서 스스로 사라지면, 더 나은 계층의 회심자들이 금방 이 집을 채우게 될 거요."

니콜라우스는 어깨에 망토를 대충 걸치면서 안뜰을 지나 안마당 쪽으로 성큼성큼 걸어갔다. 아민타스의 집사 메네스가 자기도 모르게 벌떡 일어나 니콜라우스를 따라가서는 문밖으로 안내해 주었다.

트로피무스가 안도의 한숨을 깊게 내쉬더니 방석에 앉았다.

"형제나 자매를 내쫓는 일은 유감스럽지만, '적은 누룩이 온 덩어리에 퍼진다'는 속담이 여기에 해당됩니다. 우리의 유월절 양이신 그리스도께서 희생하셨으니 이 절기를 지키되 묵은 누룩, 곧 악의와 악독이라는 누룩이 아니라 누룩 없이 성실과 진실로 빚은 빵으로 지킵시다."

트로피무스는 둥근 빵 한 덩어리를 들더니, 원기둥 안쪽에 있는 모든 이들에게 보이도록 높이 들어 올렸다.

"주 예수께서 잡히시던 밤에, 빵을 드셨습니다. 감사를 드리신 다음에, 빵을 떼시고 말씀하셨습니다. '이것은 너희를 위하는 내 몸이다. 이것을 행하여 나를 기억하라.'"

회중이 일제히 한목소리로 대답했다.

"아버지 하나님, 아들 예수님을 통해서 저희에게 생명과 지식을 밝히 보여 주시니 감사합니다. 영광이 아버지께 영원무궁히 있사옵나이다!"

트로피무스가 빵을 둘로 나눠서 아민타스와 프론토에게 하나씩 건네자, 두 사람도 각자 한 조각을 떼어 낸 후에 더 큰 부분을 옆 사람에게 건넸다. 트로피무스가 도자기 잔을 들어서 회중 앞에 들어올렸다. "식후에, 예수께서 잔도 이와 같이 하시면서 말씀하셨습니다. '이 잔은 내 피로 세운 새 언약이다. 너희가 마실 때마다 이것을 행하여 나를 기억하라.'"

회중이 다시 대답했다.

"하나님 우리 아버지, 아버지의 종 다윗의 거룩한 포도나무로 인해 감사합니다. 아버지께서 아들 예수님을 통해 저희에게 그 포도나무를 알려 주셨습니다. 영광이 아버지께 영원무궁하게 있습니다!"

트로피무스가 그 잔을 아민타스에게 내밀자, 아민타스가 마신 후에 크리산테에게 내밀었다.

트로피무스가 다시 말했다.

"여러분은 이 빵을 먹고 이 잔을 마실 때마다 주의 죽으심을 그분이 오실 때까지 선포하는 것입니다."

"우리 주여, 오시옵소서!" 회중이 대답했다.

아민타스가 방석에서 일어나서 크리산테가 일어서도록 도와준 후 주방으로 가자, 세쿤두스와 트리파이나가 따라갔다. 이들은 빵 바구니, 생선과 올리브와 치즈가 담긴 접시, 작은 포도주 항아리를 들고 돌아왔다.

공동 식사를 나누면서 예배 분위기가 잔치 분위기로 바뀔

때, 아민타스는 니콜라우스가 말한 타협의 길이 한 분 하나님의 의로우심을 침해하는 끔찍한 일이라고들 했지만, 오늘 밤에 자기가 목격한 사랑 없음도 그와 마찬가지로 끔찍하다는 느낌을 떨칠 수가 없었다.

5. 믿음의 시련

카이사로스 5일, 10월 초하루 5일 전(9월 27일)

세라피온의 타운하우스에서

이시도라는 크레우사와 에이레네와 함께 그날의 메뉴를 짜면서 이른 아침 시간을 보냈다. 필요한 물건을 사 오라고 두 사람을 시장에 보낸 후에, 농장에서 보내온 기록과 영수증에 시선을 돌렸다. 농장은 에베소 북쪽으로 이십 킬로미터 정도 떨어져 있었다. 이시도라는 서류와 장부를 나무 탁자에 펼쳐 놓았다. 파르메논과 에우플루스에게 안뜰에 탁자를 내놓으라고 시켰기에, 틈으로 들어오는 밝은 빛 속에서 일할 수 있었다.

아침이 절반쯤 지났을 때 에우플루스가 짚 빗자루를 들고 와서 복도를 쓸기 시작했다. 복도는 안뜰을 둘러싸고 있으면서 지붕으로 덮여 있었는데, 에우플루스는 쓰레기를 모아서 양동이에 담느라고 비질을 자주 멈췄다. 빗자루가 돌을 스치는 리듬 덕분에 이시도라는 자기 혼자 집에 있는 건 아니라는 생각에 안심이 되었다. 30분쯤 지나서 에우플루스가 광귤 나무 껍질 냄새가 살짝 나는 물 한 잔과 무화과와 체리가 담긴 그릇을 쟁반에 받쳐 들고 나타났을 때에야 이시도라는 그 빗자루 스치는 소리가 멈추었음을 알아차렸다. "아, 에우플루스, 고마워." 이시도라는 에우플루스의 배려에 감동했다.

노예는 고개를 끄덕하더니 빗자루를 집어 들고서 다시 비질을 시작했다. 이시도라는 잠시 쳐다보다가 에우플루스가 멍든 등을 건드리지 않으려고 아직도 조금은 어색하게 움직이는 것을 보았다.

"잘 지내니, 에우플루스?" 이시도라가 물었다.

질문이 모호했지만, 에우플루스는 주인마님이 콕 짚어 말하지 않은 내용을 이해했다.

"날마다 좋아지고 있습니다. 마님이 파르메논을 통해 보내주신 연고가 진정 효과가 아주 좋아요."

이시도라는 잠시 할 말을 잊었으나 사흘 전 아침에 겁이 나서 남편을 더 강력하게 말리지 않았다는 데 죄책감을 느꼈다.

"에우플루스, 네가 걱정돼. 남편이 식솔 전체가 참석하기를 바랄 축제가 앞으로도 더 많이 있을 거야. 여기 우리 집에서는 의식이 더 많이 열릴 테고, 남편은 네가 그 자리에 있는지 감시할 텐데. 남편은 아주 신앙심이 깊은 사람이라서, 자기가 바라는 일을 네가 상습적으로 무시한다면 너를 관대하게 대하지 않을 거야."

"주인마님, 제가 편하게 말해도 될까요?"

"그래, 에우플루스, 물론이지."

"나리의 신들은 절대로 노예들을 좋아하지 않아요. 아르테미스는 에베소의 자유 시민들을 좋아하고, 자기네 재물을 여신의 거처에 맡기는 도시들과 귀족들의 재산을 보살펴 주죠. 여신한테는 노예가 많고, 그 노예들은 죽을 때까지 여신의 신전과 넓은 땅에서 일하면서 보내고요. 아우구스투스와 로마는 자유인들 중에서 노예를 만들어 내고 자산에 대한 주인의 권리를 보장해 준다는 면에서 다산의 신이었죠. 그 자산이라는 것이 자기들과 똑같은 인간일 때도요. 아우구스투스나 클라우디우스나 베스파시아누스를 기리는 불과 한 시간짜리 오락을 위해 저와 같은 노예들이 얼마나 많이 죽었을까요?"

에우플루스는 잠시 숨을 돌리면서 이시도라의 안색을 살피고, 자기가 너무 말이 많았는지 눈치를 보았지만, 이시도라의 얼굴은 계속해서 근심을 띠고 있었고, 아마도 슬픔 때문인지 근심이 더 커져 보였다.

"하지만 예수님의 하나님은 완전히 다르세요. 하나님은 노예들에게도 얼마나 마음을 쓰시는지, 하나님 아들이 노예의 모습을 취하셔서 평생 동안 다른 사람들을 섬기면서 보내시다가, 노예처럼 **십자가**에 못 박혀 죽으셔서, 자유민으로 태어난 사람들뿐 아니라 노예들도 영원히 살 수 있게 해 주셨어요. 하나님은 그분 아들이신 예수님을 일주일의 첫날에 다시 살리셔서, 예수님을 따른다면 아무도 죽음에 붙들리지 않겠고 그분과 함께 영원히 살리라는 약속을 확인해 주셨죠."

에우플루스는 여주인에게 지난 한 달 동안 한 말보다 오늘 아침에 한 말이 더 많다는 생각이 들어서, 잠시 입을 다물었다. 이시도라는 질문을 던져서 에우플루스가 계속 말을 이어가게 했다.

"하지만 그냥 우리랑 함께하는 시늉이라도 해서 네가 더 심한 괴로움을 피할 수는 없겠니?"

"예수님의 하나님은 제가 **살아 있는** 신으로 만난 유일한 신이에요. 다른 신은 모두 제게는 차갑고, 생명이 없고, 사랑이 없는 조각상에 불과했지만, 이 하나님은 저를 사랑하시고 받아 주시고 돌봐주신다는 걸 느끼게 해 주세요. 그리고 하나님은 그분 백성이 계속해서 짐짓 다른 신들이 진짜인 것처럼 여기기를 원하지 않으세요. 저는 거짓된 일과 자발적으로 한편이 될 수는 없어요. 이 말이 유일하시고 저를 사랑하시는 하나님이 보시기에 옳은 일을 하려면 제가 매 맞는 일도 참아 내야 한다는 뜻이라면, 저는 기꺼이 받아들이겠어요. 바로 예수님이 저를 위해 그렇게 하셨으니까요."

에우플루스는 다시 입을 다물고 아래를 보면서 무시당하기를 기다렸다. 이시도라는 에우플루스의 몸짓을 이해했기에 동의한다는 표시로 손을 흔들었다. 에우플루스는 돌아서서 다시 비질을 시작했지만, 한마디 더 하려고 멈춰 섰다.

"주인마님, 저는 주인 나리한테 전혀 화가 나지 않았어요. 저는 주인 나리를 사랑해요. 언젠가는 주인 나리도 살아 계신 하나님을 알게 되시기를 기도하고요. 또 **하늘에 계신** 제 주인께서 금하지 않으신다면 주인 나리를 모든 일에서 열심히 섬길 겁니다. 제가 명령받은 일보다 더 많이 할 거예요. 모든 사람에게 착한 일을 하라고 예수님이 우리에게 가르치셨으니까요."

이시도라는 에우플루스에게 미소 짓고는 그 너그러운 마음이 고마워 고개를 끄덕였다. 에우플루스가 다시 비질을 시작했으므로, 이시도라는 다시 자기 앞에 있는 숫자들에 주의를 기울이려고 했지만, 생각을 집중할 수가 없었다. 이시도라는 의자에서 일어나서 안뜰과 원기둥 북서쪽 귀퉁이에 있는 작은 방으로 걸어갔다. 그 방에는 개인적인 기도를 하려고 남편에게

사진 5.1. 어느 테라스 하우스에서 나온 바닥 모자이크, 넵튠과 그의 신부 암피티트레를 묘사한다.

부탁해서 작은 신전을 만들어 이시스 여신을 모셔 놓았다. 신전 앞에 있는 방석에 무릎을 꿇고 제사용 집게로 향기 나는 송진을 한 조각 집어서 송진이 타기 시작할 때까지 기름등잔 불 위에 올려놓았다가, 자그마한 여신상 앞에 있는 벽돌 크기 제단에 올려놓았다.

이시도라는 기도하고 싶었고, 여신과 연결된 느낌을 불러일으키고 싶었지만, 이미 주변에 널려 있는 전통 종교에는 없다고 알고 있는 것을 과연 이 이집트 종교가 제공할 수 있겠느냐는 의심을 마음에서 떨칠 수가 없었다.

김나지움에서

세쿤두스가 김나지움 복합 건물의 한 강의실 대리석 바닥에 작은 매트를 깔고 앉아 있었다. 그와 친구들 열네 명은 강사를 마주보며 반원형으로 배치되어 있었다. 사모드라게 출신 그리스인 데모낙스는, 세쿤두스가 보기에 아리스토텔레스와 플라톤을 개인적으로 알고 지낸 사이로 보일 정도로 나이가 많았다. 세쿤두스는 아침 시간 대부분은 절반만 출석했다. 데모낙스가 로마 공화정에 대한 폴리비우스의 설명에 나오는 역사적 교훈을 읽어 주는 동안, 세쿤두스는 지난밤 아버지 집에서 예배를 중단시켰던 논쟁을 생각하고 있었다. 그전까지는 아버지가 처한 딜레마와 위험을 완전히 깨닫지 못했었다.

데모낙스가 옆에 있는 상자에 손을 뻗어 나무 조각 몇 개를 꺼내면서 말했다. "여기 정사각형 틀과 직각삼각형 넷을 가져왔네." 그것들을 대리석 바닥에 늘어놓으면서 데모낙스가 질문했다. "피타고라스의 정리를 증명해 보일 수 있는 사람?"

여러 소년이 손을 들었다.

"세쿤두스, 자네는 오늘 아침에는 말을 많이 안 했어. 자네부터 시작하지. 기억나나?"

"선생님, 그런 듯합니다." 세쿤두스는 그렇게 말하면서 다리를 펴고서 나무 조각들 쪽으로 가까이 왔다. 그 앞에 무릎을 꿇고서 삼각형 네 개를 각각 직각 부분이 틀의 모서리에 닿도록 나무틀 안에 배열했다.

"삼각형 넷을 이렇게 배열하면, 삼각형의 빗변 네 개가 중앙에 큰 정사각형을 만듭니다. 그 사각형의 넓이는 빗변 길이의 제곱이 되겠죠."

그리고 나서 세쿤두스는 삼각형을 각기 둘씩 짝지어서 직각사각형 두 개를 만들어서 하나는 나무틀 왼쪽 위에 수직으로 맞닿게 놓고, 다른 하나는 나무틀 오른쪽 아래에 수평으로 맞닿게 놓아서, 각 사각형의 틀 안쪽에 있는 모서리가 서로 닿게 했다.

"이 틀에서 비어 있는 부분이 작은 사각형 두 개를 이루는데, 하나가 다른 것보다 큽니다. 두 사각형의 면적은 각기 삼각형에서 짧은 변 두 개가 이루는 정사각형의 넓이로 계산할 수 있고요. 직사각형 네 개의 면적이 변함없으니, 비어 있는 부분의 넓이도 변함없으므로, 직각삼각형 빗변이 이루는 정사각형의 넓이는 나머지 두 변이 이루는 두 사각형의 넓이의 합과 같다고 말할 수 있습니다."

"증명 끝." 데모낙스가 말했다. "아주 잘했어, 세쿤두스. 이제 카이사로스 7일에는 피타고라스의 정리가 우리의 위대한 도시에서 문제를 해결하는 데 어떻게 쓰였는지, 혹은 쓰일 수 있을지 실례를 가지고 오기를 바라네."

데모낙스가 나무 조각을 상자에 담으며 말했다. "하루치 기하학 수업으로 충분했네. 오늘 아침 철학 관련 수업을 마무리 짓도록 하세. 지난 며칠 동안 정의(justice)라는 덕목에 대해 이야기했지. 암펠리오스, 아리스토텔레스가 말한 정의 개념을 말해 보게나."

암펠리오스가 몽상에서 벗어나 더듬거리며 말했다. "정의는 각각의 사물에 그 가치에 준하여 합당한 것을 주는 것을 뜻합니다."

"암펠리오스, 그 말도 나쁘지는 않지만, 그 정의는 키케로가 내린 것이네. 각 사람에게 응당 받아야 할 몫을 주는 것은 시세를 합당하게 인정하는 것에서 시작되지."

학생들이 킬킬거렸다.

"그렇기는 하지만, 키케로의 정의는 오늘 우리의 논의에서 적절한 출발점이 되네. 오늘은 신앙심이라는 덕목에 초점을 맞추려고 해. 자네들 생각에는 일부 철학자들은 신앙심을 왜 별개의 덕목이 아니라 정의의 일종으로 여기려고 했을까?"

잠시 침묵이 이어지다가 그 모임의 한 청년인 프로클루스가 조심스럽게 말했다. "신앙심은 신들이 응당 받아야 하는 몫을 그들에게 준다는 뜻이라서요?"

"프로클루스, 정확해." 데모낙스가 단호하게 말했다. "신앙심은 '신들에 관한 정의'라고 불리지."

세라피온의 아들 히피쿠스가 강의실로 들어와 문간 옆 벽에 기대고 섰다.

"히피쿠스, 어서 오게." 데모낙스가 말했다. "자네는 벌써 여기 에베소의 장래 시민들을 위해 일할 준비가 되었나?"

"네, 선생님. 하지만 아직 이르기는 합니다."

"자네가 오다니 운이 좋네. 신앙심이라는 덕목을 논하려던 참이었거든. 자네들은 히피쿠스의 부친께서 어떤 지위에서 신들을 섬기시는지 아는가?"

"그럼요." 프로클루스가 말했다. "위대한 아르테미스의 제사장 중 한 명이시죠."

"프로클루스, 정말 그렇다네. 그래서 그분과 여기 있는 그분 아들이 신앙심 전문가가 되었지." 데모낙스가 이렇게 말하면서 자기 곁에 있는 방석을 톡톡 쳤다. "히피쿠스, 이 젊은이들에게 왜 신앙심이 그렇게도 중요한 덕목인지 말해 주게나."

히피쿠스가 예전 선생님 곁에 앉았다.

"제 생각에는, 우선 우리가 신의 은총에 의지하고 있기 때문입니다. 우리가 인생의 폭풍 가운데 있을 때 신들이 우리를 향해 선의를 보이지 않는다면 우리 인생에 무슨 닻이 있겠습니까?"

"히피쿠스, 훌륭하네. 또 우리는 신들의 위엄에 합당한 영광과, 신들이 과거에 우리에게 베푸신 호의에 합당한 감사를 신들에게 드려야 하네. 그래야 장래에 우리가 곤경에 처했을 때 신들이 여전히 우리에게 호의적이리라고 기대할 수 있으니. 다른 이유가 또 있겠는가?"

"신앙심 덕분에 우리가 고귀해집니다. 신들을 경외하는 사람이라면 가능한 한 가장 탁월한 사람이 되고자 할 겁니다. 또 피타고라스가 말했듯이 '신들을 찾아갈 때, 우리는 가장 좋은 상태에 있습니다.'"

"나도 동의하네." 데모낙스가 말했다. "우리네 시민 일동이 신전 앞에 함께 모일 때보다 더 훌륭하고, 더 고귀하고, 더 예의범절에 마음을 쓸 때가 언제겠는가? 또 다른 이유는 무엇인가?"

"이웃에 대한 선의를 유지하기 위해서입니다."

"그 목적에 신앙심이 중요한 이유는 무엇인가?"

"제가 보기에 어느 사람이 신들에게 합당한 것을 드리고 다른 이들과 한뜻이 되어서 우리 전체를 위해서 신의 호의를 빈다면, 저는 그 사람이 공공의 유익을 구하는 훌륭한 사람이라고 선뜻 믿을 수 있을 겁니다."

"히피쿠스, 타당한 추론이야. 그리고 그 추론의 반대도 참이어서, 어느 사람이 신앙심을 무시한다면 그 사람은 믿을 수 없는 사람인 것으로 판명되겠지."

"분명히 그렇다고 생각합니다." 히피쿠스가 단언했다. "우리 도시에 있는 유대인들을 예로 들어 보죠. 유대인들은 서로서로 잘 돌보지만, 우리의 식탁과 신전을 불결하다며 경멸합니다. 그들이 신들을 아무렇지도 않게 여긴다면, 그런 사람이 저에 대해, 또 제 소유에 대해 호의적이라고 어떻게 믿을 수 있겠습니까?"

세쿤두스는 이 지점에서 어리둥절한 기색을 보이더니 망설이며 손을 들었다.

"하지만 유대인들은 신을 정말로 소중히 여깁니다. 그들의 믿음에 따르면 신이 그들에게 율법을 주셨고, 그들은 그 법에 따라서 행동을 규제합니다. 우리에게 아무리 이상하게 보이더라도, 그것은 전적으로 신앙심의 표현이 아닌가요?"

"유대인들한테는 신앙심이라고는 눈곱만큼도 없어." 암펠리오스가 분개하며 말했다. "그들한테 신앙심이 있다고 하다니 너는 멍청이야."

데모낙스가 끼어들었다. "이런, 암펠리오스, 이 자리에서 우리는 그들의 장점에 대한 논거를 살펴보고 있으니, 어떤 문제를 제의한 사람을 공격하는 것은 무식한 자들 사이에서나 말발이 선다네. 그러니 한숨 돌리고 다시 말해 보게. 자네는 왜 유대인들이 신앙심이 있다는 것을 인정하지 않는가?"

"그들은 무신론자들이기 때문입니다."

"신에게 헌신하는 사람들이 어떻게 무신론자가 될 수 있지?"

세쿤두스가 용어상 모순을 지적하며 물었다.

"유대인들은 무신론자라고 불리는 편이 낫지. 유대인들이 숭배하는 유일신은 다른 신들을 숭배하는 것을, 심지어 인정하는 것도 금하니까."

"정말 그렇다네." 데모낙스가 참견했다. "그들은 자기네 신을 제외하면 다른 민족의 신들을 믿지 않는다네. 그래서 신 하나를 제외한 모든 신들을 놓고 보면 유대인들은 무신론자들이지. 우리네 고귀한 작가들은 그들의 생활방식에 종교적(religio)이라는 명칭보다는 미신적(superstitio)이라는 명칭을 붙였다네. 또 유대인들의 미신은 여러 형태로 나타나서, 일종의 해로운 프로테우스(Proteus)[1]처럼 돌연변이를 만들고 있고. 내 생전에 그 미신이 **그리스도**라는 이름의 신을 따르는 자들에게서 새로이 등장했다네. 유대인들은 사악한 미신의 올무를 받아들이면서 음경 끝을 잘라 내는 것으로 인생을 시작하는데, 그리스도

---

1 그리스 신화에서 '바다의 노인'이라고 불리는 해신[海神]으로, 모든 사물로 변신하는 능력이 있다. – 옮긴이

를 따르는 이들은 유대인들처럼 살지 않는다네." 데모낙스는 몸짓을 곁들여 이 말을 하면서, 학생들이 눈에 보이게 몸을 움찔했다는 데 흐뭇해했다. "그렇다고 그리스인들처럼 살지도 않는다네. 그리스인들은 자기들의 아버지와 어머니의 신들에게 합당한 것을 바치지."

"누군가는 이렇게 말할지도 모릅니다." 히피쿠스가 세쿤두스를 날카롭게 바라보며 말했다. "그리스도인들은 '새로운 신들을 만들어 내고 옛날 신들을 부인한다'고요."

"히피쿠스, 아주 훌륭하네." 데모낙스가 말했다. "히피쿠스의 언급에 의견을 추가할 사람 있는가?"

학생들은 이렇다 저렇다 말이 없었다.

"그렇다면, 이것을 다음 주 철학 수업에서 다룰 의제로 정하겠네." 데모낙스가 한숨을 쉬었다. "소크라테스의 제자 플라톤에 따르면 소크라테스가 이러한 죄목으로 유죄 선고를 받았지."

히피쿠스가 덧붙여 말했다. "그것 때문에 소크라테스 같은 현자도 유죄 선고를 받았다면, 동일한 신성 모독을 노예들이나 노동자들이나 무명 인사가 범할 때, 유죄로 단정하지 말아야 하는 이유가 무엇입니까?"

"아차, 오늘의 수업을 마무리하는 불길한 말이군." 데모낙스가 짐짓 불길한 일을 예감하듯이 말했다. "어느 논문의 변론에 있는 연습 문제를 제시하겠네. '신들에게 신앙심이 있는 사람은 다른 사람들을 대할 때도 공정할 것이다.' 이에 찬성하는 글과 반대하는 글을 써 오게. 퇴고 양식의 모든 요소를 사용해서 말일세. 무슨 요소가 있지?"

데모낙스가 손을 들어 손가락을 차례차례 가리키는 대로 학생들이 한목소리로 대답했다.

"근거, 반대, 사례, 유비, 권위입니다."

"아주 좋아." 데모낙스는 손을 흔들어서 학생들을 해산시켰다. "가서 즐겁게들 운동하게나."

히피쿠스가 학생들과 함께 일어나서 이때부터 학생들을 담당했다.

"탈의실(아포디테리움)로 가서, 보관함에 옷을 넣고, 몸에 기름을 발라. 그러고 나서 체육관 밖으로 나를 만나러 와."

소년들은 이미 일과를 알고 있었지만, 히피쿠스는 늘 그 명령을 외쳐서 소년들이 이제 막 하려는 일이 어쨌든지 자기 지시에 따르는 것임을 강조했다.

십 분쯤 지나자 소년들이 모두 방에서 나와서 김나지움 앞쪽에 지붕 없는 안뜰에 모였다. 운동장은 넓었다. 너비 70미터에 길이 30미터였고, 세 면의 바깥 부분은 원기둥 현관으로 둘러싸여 있었다. 김나지움에 붙어 있는 면에는 넓고 높은 계단이 네 개 있어서, 김나지움의 높은 연단으로 갈 수 있게 하면서, 체육관에서 하는 활동을 지켜보기 알맞은 경기장 좌석 역할도 했다. 체육관의 돌바닥은 주변보다 낮아서 운동장 전체를 모래로 넉넉하게 덮을 수 있었다.

히피쿠스가 무리에게 연달아 스트레칭을 지도한 후에 말했다. "한동안 판크라티온식(式) 훈련을 전혀 하지 않았어."

신음소리로 보아 판크라티온은 분명 이들이 제일 싫어하는 격투 운동이었다.

"그래, 판크라티온이 마음에 들지 않을 수도 있지. 너희들이 그다지 잘하는 운동이 아니라면." 히피쿠스가 소년들의 신경을 긁으며 말했다. "복싱, 레슬링, 발차기를 동시에 해야 하니, 절대 쉽지 않지."

히피쿠스가 생각하듯이 잠시 말을 멈추었다.

"평소처럼 일대일로 하는 대신 팀을 짜서 하면 어떨까? 두 팀으로 나누지. 제1팀은 아르테미스와 여러 다른 신들이 위대하며 우리의 숭배를 받기에 합당하다고 믿는 사람들. 제1팀이라면 여기로 모여. 제2팀은 나머지 사람들 모두. 그런 사람들은 저쪽에 있으면 되고."

소년들은 그 방법으로 팀을 짜는 것은 터무니없다는 듯이 서로를 쳐다보았다. 분명 결국은 모든 사람이 한쪽에 모일 터였다. 하지만 단 한 명이 여전히 혼자 서 있다는 사실을 곧 알아차렸다.

"세쿤두스?" 프로클루스가 어리둥절해서 말했다.

세쿤두스는 그저 아래만 보고 있었다.

"너희들 몰랐어?" 히피쿠스가 물었다. "세쿤두스와 얘네 가족은 이제 신들을 믿지 않아. 적어도 내가 알기로는, 오랫동안 나는 얘네 가족 중에서 한 명이라도 신전이든 축제에서든 본 적이 없어. 세쿤두스, 그렇지 않나?"

세쿤두스는 여전히 히피쿠스의 눈을 똑바로 바라보지 않았지만, 이렇게 말했다. "나는 하나님을 믿어요."

"세쿤두스, 딱 한 신만?" 암펠리오스가 물었다.

"너는 위대한 아르테미스와 여러 다른 신들은 믿지 않는 거야?" 다른 소년이 물었다.

"믿지 않아. 세쿤두스는 우리보다는 유대인들과 더 비슷해. 그렇지 않냐, 세쿤두스?" 히피쿠스가 비웃었다. "네 고추는 조금 작아 보이는걸. 조금 잘라 낸 거 같아."

다른 소년들이 소리 내어 웃자 세쿤두스는 얼굴이 빨개졌다.

"자, 세쿤두스, 너는 남들이 부러워할 자리에 있지 않아, 그렇지? 제1팀 선수가 아닌 게 확실해?" 히피쿠스가 말을 멈추고 세쿤두스에게 대답을 요구했다. "그렇다고? 그렇다면 알겠어. 어느 팀이 판크라티온에서 이기는지 보자."

소년들은 처음에는 친구를 공격하기를 망설였다. 프로클루스가 먼저 세쿤두스에게 다가갔다. 세쿤두스가 처음 주먹은 피했고, 프로클루스가 발차기를 하려고 하자 발을 잡았지만, 암펠리오스가 뒤로 와서 오른쪽 주먹으로 세쿤두스의 뺨을 쳤다. 프로클루스는 풀려난 것을 알고서 세쿤두스의 배를 걷어찼다.

"너희는 이 싸움을 너희 팀 두 명한테만 맡겨 놓을 텐가?" 히피쿠스는 나머지 소년들을 부추겨서 같이 행동하게 했다. "가라, 아르테미스 팀!"

나머지가 끼어들어서 돌아가며 세쿤두스를 구타했고, 세쿤두스는 더는 피할 수가 없어서 애써 얼굴만 감쌀 뿐이었다. 몇 분이 지나자 히피쿠스가 고음을 크게 내는 피리를 불었다. 소년들이 맹공격을 멈추고 세쿤두스에게서 몇 걸음 물러섰다. 세쿤두스는 모래에 누워 울고 있었다.

"이런, 여기에서는 분명 신앙이 있는 자들이 승리했군." 히피쿠스가 선언했다. "이제 실내 경기장으로 건너가서 대운동장을 한 바퀴 돌도록. 잠시 후에는 모두 원반과 투창 던지기를 해야 해."

소년들이 조깅을 하며 광대한 운동장 쪽으로 갔다. 소년들은 아침 시간을 오래된 김나지움 복합 건물에서 보냈고, 운동장은 그 건물 맞은편에 있었다. 히피쿠스는 세쿤두스에게 와서 무릎을 굽혔다.

"아마 너는 올바른 팀이 되는 것에 대해 생각해야 할 거야."

프로코루스가 찾아오다

아민타스가 타운하우스 안뜰에 앉아서 기도하고 있었다.

'주여, 저를 주님의 의(義) 안에서 이끄소서. 주님의 길을 제 앞에 밝히 보이소서.'

아민타스는 자기가 혼자가 아니라는 사실을 깨닫게 되었다. 눈을 뜨자 크리산테가 맞은편 기둥 한쪽에 서 있는 것이 보였다.

"여보, 주님한테 무슨 말씀을 들었어요?"

"내 머릿속에 있는 아우성보다 크게 들리는 소리가 없소."

크리산테가 걸어와서 아민타스 옆에 앉았다.

"우리는 사실 이 문제를 놓고서 끝까지 이야기를 나눈 적이 없어요. 그렇게 해 보는 게 도움이 될 거예요."

아민타스가 고개를 끄덕였다.

"당신이 이 '명예로운 일'을 수락한다면 어떨까요?"

"분명 세라피온이 놀랄 거요. 그렇게 하면 우리는 더 눈에 띌 테고, 인맥이 넓어질 테고. 에베소 상류층에서도 최고위층과 더 자주 일하게 되겠지. 이 모두가 인간을 신으로 숭배하는 일을 장려한 대가고."

"버가모의 니콜라우스는 그 일이 가능해지는 방법을 찾았잖아요. 우리도 할 수 있을까요?"

"'우상은 아무것도 아니다'라고 하지만, 우상 뒤에는 정말 아무것도 없을까? 나로서는 우상과 관련해서 영적인 힘이나 위험이 전혀 없다는 말을 받아들이기 힘들어. 그것은 지난밤에 우리 회중 구성원들이 이 문제에 대해서 취한 입장을 보아도 분명하오." 아민타스는 동료 그리스도인들의 편협함에 짜증이 났다. "그들 대다수는 우리 같은 지위에 있는 사람들이 삶에서 받는 압박을 이해하지 못하는 듯했소."

"여보, 그 사람들은 그럴 수도 있어요. 하지만 그 사람들도 집단에 순응하라는 압박이 어떤 것인지 정말로 잘 알고 있어요. 제 기억에 따르면, 우리보다는 디오도토스가 그 압박을 더 직접적으로 받았는걸요."

아민타스는 고개를 끄덕이며, 디오도토스가 멍들고 부어 있던 모습을 떠올렸다.

"그렇다면 거절할 거예요?"

"잘 모르겠소. 내가 어떤 구실을 대든지, 이제는 내가 도시의 숭배에 반대하기 때문이라거나 내가 무신론자가 되었기 때문에 거절했다는 의혹을 받을 거요."

"당신보다 다른 사람이 더 낫다고 할 수는 없었나요? 거절이 친구를 높이는 행동이 되게 하는 건요?"

"그것도 생각해 봤소. 세라피온을 추천할까 생각도 했고. 그렇게 해도 의혹은 여전히 남아 있을 테고, 분명 풍자와 추측이 기름을 끼얹겠지."

아민타스는 말을 멈추고 시편 한 구절을 기억해 냈다.

"악인들이 나를 해하려고 올무를 놓았사오나…."

"… 나는 주의 법도들에서 떠나지 아니하였나이다." 크리산테가 시편의 대구를 맞추었다.

안마당 쪽에서 소란스러운 소리가 들려서 두 사람은 눈길을 돌렸다. 메네스가 세쿤두스를 데리고 안뜰로 들어왔고, 세쿤두스는 흐느낌을 참으려고 애쓰고 있었다. 아민타스와 크리산테는 벌떡 일어섰고, 크리산테가 아들에게 달려갔다.

"세쿤두스, 괜찮니?" 크리산테가 다급하게 물으면서, 아들을 벤치에 눕혔다. "아들아, 무슨 일이야? 누가 이랬어?"

메네스가 대야에 물을 담아 수건과 함께 들고 왔다. 크리산테가 수건에 물을 적셔서 아들 얼굴에 묻은 피를 살살 닦기 시작했다. 이윽고 세쿤두스가 신앙심 수업에 대해 말을 할 수 있을 정도로 흐느낌을 가라앉혔다.

"이 일을 그냥 넘길 수는 없어. 반드시 해결하고 말겠어." 아

사진 5.2. 테라스 하우스의 안마당, 즉 안뜰 입구. 빙 둘러 방이 여러 개 있다.

민타스가 선언했다.

"세라피온에게 맞서려면 지지자가 많아야 할 거예요."

분노와 동시에 좌절감이 아민타스에게 밀려들었다. "내가 그들의 제안을 거절한다면 내일 이후로는 나를 지지하는 사람이 아무도 없겠지."

크리산테가 세쿤두스를 보살피는 동안 아민타스는 침묵했다.

"다른 방법이 있소." 아민타스가 마침내 말을 했다. "타운하우스를 팔고 시골 농장에 있는 집을 넓혀서, 거기에서 토지 생산물과 그 수익으로 살아가는 거요. 은둔하면서 에피쿠로스의

'알려지지 않은 채로 살라'라는 조언을 받아들입시다. 그러면 적어도 안전하기는 하겠지."

크리산테는 세쿤두스의 머리를 쓰다듬으면서 달래 주었다.

아민타스가 말을 이어 갔다. "우리 형제자매들이 모일 장소가 없어지게 되겠지만, 그들은 다른 곳을 찾게 될 거요. 게다가 그들 때문에 이 일이 우리에게는 오히려 더 어려워지고 있소."

현관문에서 똑똑 두드리는 소리가 들리는 바람에 대화가 끊겼다. 잠시 후에 메네스가 안뜰로 들어왔다.

"디오도토스가 상인 한 명과 다른 남자와 함께 문간에 있습니다. 상인은 제가 알기에 우리의 형제이고, 다른 남자는 전에 본 적이 없습니다. 들어오라고 할까요?"

"메네스, 내가 직접 가 보겠네." 아민타스가 말하자 메네스가 앞에 있는 문을 열어 주었다.

"아민타스, 안녕하십니까? 이분들, 이 형제들이 만나고 싶어 합니다."

아민타스가 상인에게 손을 내밀었다.

"제 생각에는 형제를 장터 광장에서 본 기억이 있습니다."

상인이 아민타스의 팔을 움켜잡았다.

"맞습니다, 아민타스. 제 이름은 데메트리우스입니다. 여기에서 멀지 않은 곳에 있는 집회 장소가 저희 집입니다. 엠볼로스 반대쪽 근처죠. 이분은 프로코루스이십니다. 밧모에서 요한과 함께 계셨어요."[2]

● 자세히 들여다보기 ●

요한을 밧모섬에 유배하다

어떤 이들은 요한이 밧모섬에 "하나님의 말씀과 예수의 증거를 [설교하기] 위해서"(계 1:2) 있었다고 주장하려고 하지만, 그 이전에 하나님의 말씀과 예수를 전하는 활동을 했기 "때문에"(헬라어로는 'dia') 요한을 밧모섬으로 보냈다고 이해하는 편이 더 이치에

---

[2] 사도행전에는 헬라파 유대인 일곱 명이 집사로 뽑혀서 가난한 이들(특히 '과부들'이라고 언급한다. 행 6:1-6을 보라)에게 매일 양식을 나눠 주는 일을 관장했다고 나오는데, 그중에 프로코루스(개역개정: 브로고로)라는 이름이 잠깐 나온다. 항간의 전승에서도 요한을 밧모섬에 있던 사도 요한이라고 밝히면서 프로코루스를 요한과 연결 짓는다. 이러한 전승은 상상으로 쓴 *Acts of John Attributed to Prochorus* (in *New Testament Apocrypha*, ed. Edgar Hennecke and Wilhelm Schneemelcher [Louisville, KY: Westminster John Knox, 1992]. 2:429-435)에 나오듯이, 5세기 무렵에 생긴 듯하다. 그러나 밧모섬의 요한이 담긴 초상화집을 보면 프로코루스는 늘 요한보다 한참 어린 조수로 나온다. 나는 그 전승이 신빙성이 거의 없다고 생각하며, **사도 요한이 계시록을 작성한 그 요한인지 의심할 이유가 상당히 있기 때문에** 더더욱 그렇다. 하지만 밧모섬에서 선견자 요한(요한계시록을 기록한 요한)에게 프로코루스라는 이름의 조수가 **실제로 있었다면**, 그 프로코루스가 거의 60년 전에, 예루살렘에서 과부들을 돌보라고 사도들이 뽑은 그 프로코루스와 같은 사람이었을 리가 없다.

5. 믿음의 시련

맞아 보이고 문법상 더 자연스러워 보인다. 밧모섬은 복음을 전할 기회는 많지 않지만, 자기 의견을 강력하게 밝히는 반체제 인사를 유배시키기에는 좋은 곳이었다.

유배 즉 신체상 이동은 로마 시대에 흔한 형벌이었다. 아우구스투스는 자기 가족 중 일탈 행위자들을 추방해서 지중해 작은 섬들로 보낸 것으로 유명하다. 예를 들어서 판다테리아(Pandateria)섬은 아우구스투스가 성적으로 문란한 딸 율리아를 추방한 곳으로, 섬 한쪽 끝에서 다른 쪽 끝까지 길이가 3킬로미터 이내이고, 너비는 가장 넓은 지점이 800미터 정도였다. 그와 같은 유배는 추방(deportatio)이라고 불렸으며, 일종의 사형 선고여서 시민권을 박탈하고, 검소한 생활에 필요한 비용을 제외하고 모든 자산을 몰수했다. 유배를 보낼 권한은 황제나 로마 지방관에게만 있었다(속주 총독이 황제에게 이 형벌을 요청할 수는 있었다).

다른 형태의 유배는 좌천(relegatio)으로, **해당 장소에서 밀려나**는 경우에는 선택의 자유가 다소 넓었고, **해당 장소로 몰아넣는** 경우에는 그 형을 선고받은 사람이 방해받지 않고 살 수 있는 공간이 제한되었다. 이 경우에는 신분 박탈이나 자산 몰수는 수반되지 않았다. 좌천 선고는 속주 총독이나 지방관이 내릴 수 있었고, 흔히 철학자들과 예언자들, 그 외 문제 인사들에게 불리했다. 요한은 분명 이 범주에 딱 들어맞으며, 황제가 에베소에 있는 지방 반체제 인사의 소송에 직접 간여하지 않았을 가능성이 커 보인다.

보통은 섬의 크기와 거주 환경에 따라서 선고가 관대했는지 가혹했는지를 가늠했다. 밧모섬은 척박한 무인도가 아니었다. 김나지움과 아르테미스 신전, 또 아마도 아폴론 신전도 유지할 수 있을 정도로 거주민이 있었다. 섬을 발굴하고 조사해 보니 광산이나 채석장이나 감옥이 있었다는 증거가 나오지 않았다. 한편, 밧모섬은 아주 작다(34평방킬로미터). 요한이 사형이 아니라 유배를 당한 사실이 놀랍기는 하지만, 속주 총독이 밧모섬을 유배지로 선택한 것은 요한에게 유독 가혹했던 것도, 호의를 보인 것도 아니다. 동쪽의 그리스도 사교를 전하는 반로마적 악성 선지자가 이제는 열두 시간이면 다 거닐 수 있는, 아마도 자신의 헛소리를 들어줄 (그리고 대부분은 거부할) 주민 천여 명과 함께 섬이라는 환경에 무기한으로 있게 되었다. 요한이 이제는 더 이상 자기가 직접 개입할 수 없는 삶을 살고 있는 회중에 대해 목회자로서 얼마나 걱정하는 심정이었을지는 우리는 짐작만 할 수 있을 뿐이다.

프로코루스가 말했다. "형제네 회중에게 모이라고 하시면,

요한의 메시지를 모두에게 읽어 드리겠습니다. 가능한 한 오늘 저녁에요. 이 말씀을 서머나에 있는 저희 고향 회중에도, 또 계속해서 아시아의 여러 회중에도 두루 전해야 합니다."

아민타스는 이 사람들의 얼굴에 어린 열심을 읽어 내고 고개를 끄덕여 말없이 동의를 표했다.

"디오도토스, 나를 도와서 이 소식을 우리 회중에게 전하고, 오늘 해 진 후에 우리와 함께할 수 있는 사람은 모두 오라고 해 줘요."

프로코루스가 말했다. "죄송하지만 양피지나 파피루스를 좀 주실 수 있을까요? 그때까지 여유 시간이 좀 있으니, 요한의 메시지를 필사해서 제가 서머나로 이동한 후에도 여러분이 이곳에 있는 다른 회중과 그 메시지를 나누도록 남겨 놓겠습니다."

"물론이지요. 타블리눔(tablinum)[3]에 있는 제 책상을 쓰시면 됩니다." 아민타스가 이렇게 말하면서 그를 현관문 맞은편 방으로 데리고 갔다. "책상 위에 철필과 잉크가 있습니다. 파피루스는 이 상자 안에 넣고 두고 씁니다." 아민타스가 상자에서 파피루스 몇 장을 꺼내서 책상에 펼쳐 놓았다. "더 필요하시면,

---

[3] 고대 로마의 주택에서 집 안마당과 안뜰 사이에 있는 공간으로, 주로 가장의 응접실과 집무실로 사용한다. – 옮긴이

메네스가 시장에서 구해다 드릴 수 있습니다."

"고맙소, 아민타스."

프로코루스가 곧장 책상 앞에 앉아서 자기가 갖고 다니던 양피지를 펼쳤다. 아민타스가 프로코루스의 어깨 너머로 첫 문장을 읽었다.

"예수 그리스도의 계시라 이는 하나님이 그에게 주사 반드시 속히 일어날 일들을 그 종들에게 보이시려고…."

6. 결단의 날

카이사로스 6일, 10월 초하루 4일 전(9월 28일)

위에서 내려다본 풍경

아민타스는 그날 밤에 잠을 설쳤다. 얕게 잠들었을 때 그 잠이 일종의 무대가 되어서 요한의 환상에 나오는 영상들이 아민타스의 기억과 상상 속에 있는 다른 인물들과 더불어 생생하게 재현되었다.

아민타스가 보니 자기가 길고 하얀 예복을 입고 머리에 황제 사제의 관을 쓴 채 도미티아누스 신전의 거대한 우상 앞에 서 있었다. 자기 주변에 숭배자 무리가 서서 신상 앞에 절하면서 찬사를 보내고 있었다. "황제처럼 우리의 주인이자 신인 이가 또 어디 있는가?" 아민타스가 또 보니, 디오도토스가 신전에 들어와서 자기 앞에 서서, 자신과 다른 숭배자들을 향해 소

리 지르면서 하늘을 가리켰지만 뭐라고 말하는지 들리지 않았
다. 그러자 우상 신상이 살아나서 단에서 내려와 아민타스에게
거대한 창을 건넸고, 창은 아민타스의 손 안에서 보통 크기로
변했다. 아민타스가 창으로 디오도토스를 찔렀고, 디오도토스
가 바닥에 쓰러지고 스러져 피 웅덩이가 되자 신상 숭배자들
이 모두 일어서서 환호성을 질렀다. 아민타스가 무릎을 꿇고서
그 피를 납작한 그릇에 떠서, 신상 앞에 있는 제단 불 위에 부
었다.

 그러자 그들 머리 위 하늘에서 거대한 대접이 나타났다. 대
접이 기울어지자 재 같은 물질이 아민타스와 곁에 있는 모든
숭배자들 위로 흘러내렸다. 그 물질이 불이 이글이글하게 핀
숯덩이처럼 그들의 살을 태우기 시작해서 뼈까지 태웠다. 쓰러
지면서 아민타스가 보니, 진홍빛 웅덩이에서 디오도토스의 몸
이 다시 형태를 갖추더니, 바닥에서 일어나 팔을 들고 하늘의
하나님을 찬양했다. 디오도토스의 목소리가 우상 숭배자들의
괴로운 울부짖음을 모조리 삼켜 버렸다.

 아민타스가 흠칫 놀라 잠에서 깨자, 잠옷이 땀에 젖어 있었
고, 그 밤에 더는 꿈을 꾸지 않으리라 결심했다. 크리산테가 깨
지 않도록 최대한 조용히 침실에서 나와 아래로 안뜰이 내려
다보이고 집 앞쪽으로 이어진 복도를 따라 걸었다. 전 주인이

난간을 빙 둘러 놓은 지붕과 테라스로 가는 통로를 만들어 놓았다. 바깥 공기가 아직은 아침 첫 햇살에 데워지지 않은 터라, 축축한 옷에 바람이 닿자 추위서 잠이 완전히 달아났다.

아민타스는 남동쪽 도미티아누스 신전 방향에 있는 엠볼로스를 올려다보았다. 아민타스의 집보다 언덕 위쪽에 자리 잡은 다른 집들이 시야를 막아서, 높이 솟은 신전 지붕 꼭대기만 보였다. 그렇지만 며칠 전에 보았던 신전 전체를 마음속에 떠올리며, 신전 아래 아우구스투스 신전과 아르테미스와 율리우스 신전과 함께 동쪽으로 뻗어 있는 시민 광장을 그려 보았다. 그러한 장소 위에 별이 빛나는 광대한 하늘을 쳐다보면서 아민타스는 그 모든 광경을 생각하며, 위에 계신 하나님의 보좌와 많은 천사들이 그 보좌를 둘러싸고 경배하는 모습을 요한이 묘사한 대로 상상했다. 에베소의 신전들은 얼마나 작아 보이고 시시해 보이는지, 얼마나 파괴적이면서 동시에 하찮은지. 그따위 장소에 모여 드는 이들은 하나같이 우주의 참된 중심을 무시하고 있다.

니콜라우스는 틀렸다. 우상이 실로 아무것도 아닐 수 있으나, 하나님의 형상으로 지음받은 수천 명이 자기들의 형상대로, 자기들 손으로 만든 우상 주위에 모여 경배하게 한다면 그것은 한 분 하나님의 옛 원수가 하는 일이다. 아민타스는 바울이 쓴 글이 생각났다. "그들이 바치는 제물은 귀신에게 바치는 것이지, 하나님께 바치는 것이 아닙니다."

● 자세히 들여다보기 ●

도미티아누스의 인기 약화와 에베소의 플라비아누스 신전

에베소에서도 다른 곳에서와 마찬가지로 도미티아누스 숭배는 오래갈 운명이 아니었다. 주후 96년에 도미티아누스가 암살되자마자, 도미티아누스가 무척이나 총애하던 군대는 도미티아누스를 원로원에서 공식적으로 신으로 선포해야 한다고 강력히 주장했다. 여러 속주에서는 황제가 살아 있을 때 신으로 섬길 수 있었지만, 이탈리아에서는 황제 사후에 원로원이 황제를 신이라고 인정해야 가능했으며, 앞서 율리우스, 아우구스투스, 클라우디우스, 베스파시아누스, 티투스의 경우에 그러했다.

그러나 원로원은 도미티아누스가 불시에 죽자 거리낌 없이 안도와 기쁨을 표현했고, 명을 내려서 (신성의 상징인) 도미티아누스의 금은 조각상을 녹여서 다른 데 사용하고, 도미티아누스의 승리 기념 아치문을 무너뜨렸으며, 공공 비문에서 가능한 대로 도미티아누스의 이름을 모두 삭제했다. 이전의 특히 미움을 받았

사진 6.1. 데가볼리(데카폴리스, 헬라의 알렉산더 대왕에 의해 식민지화된 10개 도시) 중 하나인 거라사(현재의 제라시)에서 나온 비문. 도미티아누스의 이름이 삭제된 것이 보인다.

던 통치자를 기억나게 하는 것에 그와 같은 선고를 내리는 형벌, 라틴어로는 담나티오 메모리아이(damnatio memoriae, 기록 말살 형[刑])라고 알려진 형벌은 아주 오래되었다. 예를 들어 아크나톤(Akhnaton)과 그의 가계의 이름은 이집트의 유물에서 거의 성공적으로 삭제되었다. 지중해 전체에 걸쳐 있는 비문들은 원로원의 결정이 철두철미하게 실행되었음을 증명해 준다.

도미티아누스가 그와 같은 운명에 처하게 된 이유가 완전히 명확하지는 않다. 도미티아누스는 일반적인 예의 바른 태도가 없었으며, 대면할 때나 서신상으로나 '주'(도미누스)라고, 그리고 아마도 '신'(데우스)이라고 불리고 싶은 비로마적인 욕망이 있었고, 통치 말년으로 가면서 (예를 들어서, 자기 사촌을 포함해서 원로원 계층의 몇

> 사람을 유대교에 흥미를 느꼈다는 이유로 처형한 데서 보이는) 편집증과 잔혹함이 심해졌기 때문이라는 쪽으로 설명하는 경향이 있다.
>
>   에베소에 있는 신전은 '황제들(세바스토이, 즉 '아우구스투스들')의 신전'으로 언급되므로 한때 플라비아누스 가문의 여러 사람에게 봉헌되었던 것으로 보인다. 여기에는 베스파시아누스와 티투스도 포함되었을 텐데, 이들은 96년 직후부터는 에베소의 대(大)신전에서 실각한 도미티아누스와 함께 숭배하지 않아도 되었다.

  아민타스는 북쪽 난간으로 걸었다. 그 자리에서는 아래 도시의 전경이 다들 부러워할 만하게 잘 보였다. 북쪽으로 이어지는 카르도를 쭉 훑어보고, 인근에 작은 시장을 거느린 장터 광장을 내다보고 나서, 항구로 이어지는 대로 너머를 보았다. 하늘이 이제 막 밝아지며 다시 해가 수평선에 떠오르리라고 알리고는 있지만 아직 한 시간은 남았을 때인데, 항구에는 이미 활동 조짐이 보였다. 상인, 선원, 각양 장사꾼이 이미 서둘러 움직이며, 서쪽에 있는 큰 음녀의 정욕을 만족시킬 더 많은 공물을 준비하고 있었다. 아민타스는 이미 요한의 환상을 들었으므로(지난밤에 프로코루스가 회중에게 요한의 환상을 읽어 주었다), 로마 여신의 신상이나 프리즈가 더는 예전과 똑같아 보이지 않았다.

만족할 줄 모르고 사치스러운 창녀의 이미지를 '안 본 것'으로 할 수가 없었다. 로마가 과연 아시아에 얼마나 많은 번영을 가져다주었는가? 로마는 자기 정욕을 만족시킬 자원을 얻기 위해 아시아의 피를 얼마나 많이 짜내었는가? 전에도 그렇게 자문한 적이 있었지만, 한 번도 그 답의 규모를 가늠해 보지 않았다.

피. 아민타스는 하늘의 제단 아래에서 순교자들이 무죄를 호소하며 부르짖는 모습을 떠올렸다. 음녀의 잔에 담긴 피, 음녀가 취해서 중독된 듯이 몹시도 마시기를 갈망하던 피가 생각났다. 어릴 때부터 아민타스는 평화에 대해 귀에 못이 박히도록 들었다. 전쟁과 반란에 대한 소식을 아무리 들어도 로마가 가져온 '평화'를 의심한 적이 없다. 하지만 이제 아민타스는 요한이 이야기해 준, 유대에서 일어난 불행한 반란, 일방적인 전투에서 필사적으로 싸운 후에 일어난 대학살, 마지막 포위 기간에 죄 없는 사람들이 예루살렘에 갇혀서 서서히 굶어 죽은 일을 생각했다. 에베소 자체의 과거 역사도 떠올리자, 폰투스 왕국의 미트리다테스의 선동에 어떻게 에베소 사람들이 넘어가서 로마의 통치에 대항하여 반란을 일으켰다가 거의 한 세기 반이 넘도록 비싼 대가를 치른 일도 생각났다. 그리고 이제 사람들은 로마를 수호 여신으로, 로마의 통치자들을 자비를 베푸는 신으로 떠받들고, 그들이 평화와 질서, 부와 법치를 가져왔다고 칭송하면서, 시체들이 겹겹이 쌓여 제국의 벽돌을 붙이는 회반죽 역할을 한 사실은 못 본 체하고 있었다. 아민타스는 로마가 저지른 온갖 죄 때문에 로마를 대적하여 불타는 진노를 생각하고, 하늘을 바라보며, 혹시 하늘에서 새로운 출애굽의 시작을 알리는 재앙이 떨어지는 모습이 보이지 않을까 생각했다.

아민타스는 회반죽 바른 나무 바닥에 샌들이 끌리는 소리에 생각이 끊겼다. 돌아보니 크리산테가 모직 담요를 두르고서 다가오고 있었다. 아내는 남편 곁 난간에 와서 다정스레 남편에게 몸을 기댔다.

"잠이 안 와요?" 크리산테가 물었다.

"그다지. 꿈자리가 뒤숭숭해서."

"나도 꿈을 꾸었어요. 그리고 생각했죠." 크리산테가 잠시 숨을 골랐다. "요한의 말, 그러니까 '너의 처음 사랑을 버렸느니라' 하신 예수님 말씀을 머릿속에서 떨칠 수가 없었어요."

"그 말씀은 내게도 충격이었소." 아민타스가 말했다. "그리고 우리 회중을 위한 결론도 그랬소. '어디서 떨어졌는지를 생각하고 회개하여 처음 행위를 가지라 만일 그리하지 아니하고 회개하지 아니하면 내가 네게 가서 네 촛대를 그 자리에서 옮기리라' 같은 말씀이었지."

"이틀 전 밤에 우리 회중에게는 사랑이 별로 없었죠."

"정말 그랬소." 아민타스가 동감했다. "우리 형제들이 선을 긋는 지점에 대해서는 아주 명확하고, 또 **올바르게** 선을 긋는 것으로 보이지만, 그 선을 **넘어서** 사랑할 능력은 잃은 듯해요."

두 사람은 잠시 말없이 서 있었다. 아민타스는 예수님의 경고가 자기에게 전달하는 또 다른 의미를 생각해 보았다. '나는 그분의 첫째이자 가장 중요한 기본 계명을 지킬 정도로 하나님을 사랑하는가? 나는 교회로 모이는 사람들이 무슨 일을 하고 있는지 진실을 말해 주고, 그들이 보지 못하는 위험을 경고해 줄 정도로 그들을 사랑하는가?'

첫 햇살이 그들 위에 있는 하늘의 어둠을 가르기 시작했다. 아민타스는 손을 짚고 있던 허리 높이 담을 내려다보고서 전 거주자가 회반죽에 그어 놓은 낙서를 손가락으로 문질렀다.

"로마, 모든 이들을 다스리는 여왕이여, 권세가 영원무궁하리다."[1]

"나는 이 낙서를 백 번은 봤어요." 크리산테가 말했다. "메네스한테 회반죽으로 이 낙서를 덮으라고 할 생각이에요."

---

[1] 이 낙서(*IEph* 599, cited in J. Nelson Kraybill, *Apocalypse and Allegiance: Worship, Politics, and Devotion in the Book of Revelation* [Grand Rapids: Brazos, 2010], 57)는 실제로 어떤 테라스 하우스에서 발견한 것으로, 이 집의 이층과 지붕 정원은 남아 있지 않다.

"나도 그럴 생각이오. 나는 늘 그 낙서가 누군가가 행복하게 단언한 말이라고 생각했었소. 이제는 일종의 절망을 표현한 말일 수도 있겠다는 생각이 들지만."

"여보, 아래층으로 가요." 아내가 다정하게 말하며 아민타스의 팔에 손을 얹었다. "아침을 차려 줄게요. 그러고 나서 같이 기도하며 시간을 보낼 수 있을 거예요."

"곧 내려가겠소." 크리산테가 집 안 계단으로 내려갈 때 아민타스가 대답했다. 아민타스는 다시 엠볼로스를 따라서 쭉 올려보고, 그날 늦은 시각에 모일 시 의회와 그들 앞에 설 때 필요할 용기를 생각했다.

그러나 하늘을 올려다보면서 하나님이 하늘을 여실 날, 모든 이가 하나님과 하나님이 기름 부으신 분 앞에 서게 될 날을 생각했다. 이곳 하늘 아래에서 그분을 위해 담대하게 서 있지 않는다면, 아무도 그날 그분 앞에 자신 있게 서 있지 못할 것이다.

의회실에서

태양의 고도가 가장 높아지기 한 시간 전, 아민타스는 엠볼로스를 걸어 올라가 프리타네이온 맞은편, 바실리카 스토아의 서쪽 끝에 서서 여느 때처럼 거기에서 오랜 시간을 보냈다.

"주님, 주님을 신뢰합니다." 아민타스가 조용히 말했다. "제가 수치를 당하지 않게 하소서."

몇 분 후 시종이 의회실에서 나오더니 성화를 들고 프리타네이온으로 돌아가서, 의회 개회 의례가 끝났음을 알렸다.

아민타스가 결의를 가다듬고 회의실로 들어가서 위쪽 계단에 있는 좌석을 향해 침착하게 걸어가자, 클라우디아누스가 그날의 안건을 시작했다.

"아리스티온이 의회가 심사할 안을 제출했는데, 내 생각에는 훌륭한 제안입니다. 우리가 매년 황제를 향해 충성을 맹세할 사람들의 자격 요건을 넓히자는 것입니다. 아리스티온, 더 자세히 설명해 주겠소?"

"감사합니다, 고귀한 클라우디아누스." 아리스티온이 의회 연설을 위해 일어나면서 말했다. "지금까지 매년 충성 맹세를 특별한 무역이나 사업과 연관된 조합 회원이 하는 것은 관례에 불과했습니다. 그러한 모임이 주로 폭동의 온상임이 드러나는 경우가 많았기 때문이죠. 저는 이 자격 요건을 우리 도시의 **모든** 정기 모임으로, 여기에 있는 우리 자신이든, 김나지움에 등록한 소년이든, 사제회든, 종교적인 목적으로 정기적으로 모이는 어느 단체든, 어떤 목적으로 모이든지 모든 모임으로 확대하자고 제안합니다."

"아리스티온은 이 맹세의 문구를 조금 수정하자고 제안했소." 클라우디아누스가 말했다. "우리에게 읽어 주시겠소?"

"물론입니다. '유피테르와 모든 신과 여신의 이름으로, 또 황제의 이름으로 맹세하노니, 나는 신성한 황제 도미티아누스와 황실에 대해 내가 살아 있는 한 마음과 말과 행동으로 충성하겠습니다. 나는 황제의 친구를 내 친구로 여기고, 황제의 대적을 내 대적으로 여기겠습니다. 나는 황제의 이익을 지키기 위해서라면 재산도 생명도 자녀도 내놓겠습니다.' 유대인들을 위해서는 당연히 이 표현을 수정해서 그들의 하나님의 이름으로 맹세하게 할 수 있습니다."

"**진짜** 유대인인 유대인들을 말하는 겁니까?"

"예, 그렇고말고요." 아리스티온이 말했다. "절차에 따라서 등록하고 신성한 베스파시아누스께서 유대 반란 이후에 각 유형에 따라 부과한 유대세(fiscus Iudaicus)를 납부한 사람들입니다."

"에베소가 이제 속주 전체에서 신성한 도미티아누스 제의의 네오코로스이므로 성벽 안에 사는 모든 무리가 황제에게 맹세하는 것이 합당하오." 클라우디아누스가 말했다.

"그러면 그와 같은 맹세를 하지 않는 모임은 어떻게 됩니까?" 세라피온이 물었다.

"에베소에는 그와 같은 모임이 … 그런 집합체가… 없을 것이오." 클라우디아누스가 대답했다. "더 토론이 필요합니까? 아니면 표결 준비가 되었소?"

회의실 전체에서 동의하듯 웅성거리는 소리와 몸짓이 클라우디아누스에게 답이 되었다.

● 자세히 들여다보기 ●

유대세(Fiscus Iudaicus)와 "사탄의 회당"

예루살렘 성전이 있는 동안은 매년 로마 제국 전체에서 20-50세 신실한 유대인 남자들이 성전에 두 드라크마(두 데나리온)를 납부해서 부분적으로나마 기금을 댔다. 마태복음 17장 24-27절에 나오는 이야기에는 (흔히 '성전세'로 지칭하는) 이러한 '회비'와, 선한 유대인이라면 기꺼이 참여하리라는 기대가 나온다.

베스파시아누스 황제는 주후 66-70년에 유대 반란을 진압한 후에, 유대 민족에게 특이한 방식으로 전쟁 배상금을 부과했다. 황제의 법령에 따르면 유대인들은 전에 자기네 성전 유지와 운영을 위해 납부하던 두 드라크마(didrachmon)를 황제의 금고에 계속 납부할 수 있었다. 우선, 이 기금은 유피테르 카피톨리누스 대(大)신전을 재건하는 마지막 단계와 신전을 계속 유지하는 데

쓰도록 지정되었을 것이다. 이 신전은 로마 국교의 중심으로 포로 로마노(Roman Forum, 로마에 있는 가장 오래된 시민 광장으로, 시민 생활의 중심지) 위에 상징적으로 우뚝 솟아 있다. 베스파시아누스는 그 세금에 대한 법적 책임이 있는 개인의 범위를 확 늘려서(이 세금을 이제는 공식적으로 피스쿠스 유다이쿠스, 즉 '유대세'로 불렀다), 그 후로는 유대인 남녀 모두 4세에서 적어도 60세까지 세금을 내야 했다. 총액이 천만 데나리온 이상 되었으니 분명 다양한 사업에 자금을 대는 데 쓰였겠지만, 이 세금과 카피톨리노 언덕의 유피테르, 유노, 미네르바 신전의 관계는 확고하게 정해져 있었으며, 이 사실은 역사가 요세푸스(『유대 전쟁』[Jewish War] 7.218)와 디오 카시우스(『로마사』[Roman History] 46.7.2) 둘 다 분명하게 언급한다.[a]

유대인이 이 벌금에 대해 어떤 기분이었을지는 추측만 할 수 있다. 이처럼 두 드라크마의 수령 주체를 바꾸는 것이 종교적으

사진 6.2. 티투스의 키스토포루스 은화로 유피테르 카피톨리누스 대신전 수리 완료를 기념하여 발행되었다. Classical Numismatic Group, LLC 제공. http://www.cngcoins.com

로 어떤 의미가 있는지 베스파시아누스가 몰랐을 리가 없기는 하지만, 어떻게 보면 그 벌금은 반역적 민족에 대한 관용의 표현으로 보였을 수 있다. 그러나 일부 유대인들에게는 마땅히 하나님이 받으셔야 하는 것을 사실상 카이사르에게 주어야 한다는 것은 감내하기 힘든 형벌이었을 것이다. 선견자 요한같이 타협하지 않는 유대인은 당연히 이 일을 동료 유대인들 편에서의 노골적인 배신으로 여겼을 것이다. 유대인이라면 우상을 숭배하는 제의를 재정적으로 지원함으로써 용서와 관용을 얻는 일은 거부했어야 했다. 이러한 우상 숭배 제의는 사실상 하나님을 대적하는 로마신의 대표인 유피테르의 제의이자 요한의 세계관으로 보면 사탄의 제의였다. 요한이 지역 유대인 공동체를 '사탄의 회당'이라고 말할 때, 현대의 독자는 지나친 독설이라는 느낌이 들지도 모르겠다. 그러나 우리가 기억해야 할 사실은, 그와 같은 비난은 서로 맞서던 유대인 운동들 사이에 이미 전례가 있다는 사실이다. 쿰란 분파는 자기네 집단에 속하지 않은 유대인들을 '벨리알의 모임'(사해문서 1QH 2.22; 1QM 4.9)으로 지칭했는데 벨리알은 사탄의 가명(假名, noms de guerre) 중 하나며, 예수께서도 당신의 (동료 유대인) 반대자들을 '사탄의 자식'(요 8:44)이라고 부르셨다고 전해진다.

a. Mary Smallwood, *The Jews Under Roman Rule from Pompey to Diocletian* (Leiden, Netherlands: Brill, 1981), 371-376.

"그럼 모두들 아리스티온의 제안에 찬성하오?"

"네." 하는 소리가 회의실에 울려 퍼졌다.

"반대는?"

아민타스는 말해 봐야 소용이 없다는 것을 알았다.

"아리스티온의 제안이 통과되었소." 클라우디아누스가 선언했다. "이를 시행하는 문제는 다음에 모일 때 논의해도 되겠소. 나는 매년 도미티아누스 탄신일이 있는 달인 아펠라이오스가 가장 알맞은 때이니 그때 맹세를 요구하는 것을 고려해 보자고 제안하겠소만."

"참으로 그렇습니다. 아펠라이오스여야 합니다." 몬타누스가 끼어들었다. "그리고 이번 아펠라이오스에 시작해야 합니다. 에베소시에 있는 모든 모임이 우리 신성한 황제에게 충성을 다짐하는 것보다 도미티아누스 신전 개관식을 더 빛나게 하는 것이 무엇이겠습니까?"

"그것은 정말로 쉬운 일일 것이오." 클라우디아누스가 말했다. "이 자리에 있는 사람 중에, 시행을 미루거나 다른 날을 제안할 이유가 있다고 보는 사람이 있소?"
다시 한 번 회의실에는 일이 순조롭게 진행되고 처리되는 것에 대한 만족감이 흘렀다.
"그렇다면, 좋소. 이것을 만장일치의 표시로 받아들이겠소." 클라우디아누스가 결론지었다. "그리고 우리가 이미 새 신전이라는 안건을 생각하기 시작했으니…. 아민타스!"
아민타스는 가슴이 두근거렸다.
"우리에게 대답할 말이 있지 않소? 도미티아누스 신전의 네 오포이오이 협회에 참여하는 명예를, 대단한 명예가 아닐 수도 있지만 앞으로 당신이 얻을 기나긴 명예 목록에서 가장 처음이 될 그 명예를 받아들이겠소?"
아민타스는 머뭇거리며 엉거주춤하게 서서 대답했다.
"유감스럽지만, 저는 그럴 수 없습니다."
아민타스는 말을 내뱉자마자 다시 털썩 주저앉았다.
"아민타스, 이게 무슨 말입니까?" 회의실에서 웅성거리는 소리가 낮게 쏟아져 나오기 시작했고, 더 높은 소리로 세라피온이 말했다. "분명히 그 직책은 그대가 감당할 수 없을 정도로 그렇게 부담스럽지는 않소. 거절하는 이유를 들어 봐야 하겠소!"
여러 명이 목소리를 높여서 세라피온의 요구를 지지했다.

아민타스가 눈을 감고 깊이 숨을 들이쉬었다가 내쉬면서 몸을 꼿꼿이 하고 일어섰다. 아민타스는 눈을 뜨고 회의실에 있는 얼굴들을 바라보았다.

"11년 전쯤에 '신성한' 베스파시아누스를 위해 공식 애도 주간이 선포되었던 일이 생각납니다. 그러고 나서 딱 2년 후에 '신성한' 티투스를 위한 애도 주간이 또 선포되었죠. 도미티아누스가 아우구스투스만큼 오래 산다고 해도, 언젠가는 도미티아누스를 위한 애도 주간도 선포될 겁니다."

아민타스는 잠시 숨을 돌리면서 눈을 내리깔고서는, 뭔가를 생각해 내려는 듯이 손가락 끝을 문질렀다.

"콜로폰의 크세노파네스(Xenophanes of Colophon)가 이에 관해 아주 제대로 말했습니다. '그들이 신이라면, 그들을 위해 애도하지 말라. 그들이 사람이라면, 그들에게 희생 제사를 드리지 말라.'"

"아민타스, 크세노파네스는 이집트의 미개한 미신을 놓고서 말한 거였소." 세라피온이 이의를 제기했다.

"크세노파네스라면 이곳에서 우리가 우리와 똑같은 인간을 숭배하는 미신을 고안해 내고 있는 것도 강력하게 반대했을 겁니다. 황제는 땅과 바다의 통치자일지는 몰라도, 인간에 불과합니다. 8미터짜리 거대한 조각상을 세운다고 그 사실이 달라지지는 않습니다. 사제들이 있는 신전이 있다고 해서 그 사실이 달라지지 않습니다. 무엇 때문에 그런 가식을 연기하고 싶어 하는 겁니까?"

세라피온은 아민타스와 눈이 마주치자 계속 빤히 바라보았다. 세라피온은 분명히 의기양양해하며 자축하는 기색이었다.

"아민타스, 그대의 입에서 그런 말이 나오다니 무척 실망이오." 클라우디아누스가 말했다. "그와 같은 불신앙을 마음에 품고 있었다면, 적어도 우리에게 바로 말해 주어서 우리가 기대하지 않게 할 수 있었을 것이오."

"고귀한 클라우디아누스, 불신앙이라고 하셨습니까?" 아민타스가 이의를 제기했다. "도미티아누스는 우리에게 생명을 주지 않습니다. 도미티아누스는 우리에게 필요한 것을 주기 위해 우주만물을 적재적소에 배치하지도 않죠. 하지만 이 모든 일을 행하시는 하나님이 하늘에 **존재**하시는데, 여러분 중 누가 **그분이** 마땅히 받으셔야 하는 경배와 경건한 복종을 그분에게 드리고 있습니까?"

"제 생각에, 아민타스는 유대인의 부족 신에 대해 말하고 있군요." 세라피온이 지적했다.

"나는 한 분이시며 참되고 살아 계신 하나님, 하늘과 땅과 그 가운데 있는 모든 것을 만드신 분에 대해 말하는 겁니다."

아민타스가 분명하게 말했다. "나는 이 땅과 땅에 사는 자들을 심판하러 오실 때 모든 피조물에게 책임을 물으실 하나님에 대해 말하는 겁니다."

회의실이 거세게 반발하는 불평 소리로 가득해서 아민타스의 마지막 말이 묻혀 버렸다. 어쨌든 클라우디아누스는 회의실의 질서를 회복할 수 있었다.

"에피쿠로스파 사람들도 동료 시민들과의 연대를 위해 경건한 **척할** 수 있었소. 하지만 그대는 우리의 감정을 존중해서 그렇게 하지도 않는군."

아리스티온이 일어서서 말했다.

"고귀한 클라우디아누스시여, 우리 신들을 존중하지 않는 자는 이 회의실에서 목소리를 낼 자격이 없습니다."

동의하는 소리가 의회 전체에 가득했다.

"고귀한 아리스티온, 우리 헌법에는 그와 같은 조항이 없소." 클라우디아누스가 협박하는 어조로 말했다. "그렇기는 하지만, 자기를 달갑게 여기지 않는 자리에 머물러 있다면 어리석은 인간이겠지."

무거운 침묵이 이어졌다. 체념에 대한 반사 작용으로 아민타스는 몸에서 서서히 긴장이 풀어졌다. 아민타스가 자리에서 일어나서 가장 가까운 계단으로 가서 의회 가운데를 지나 내려가기 시작하자 의회에 있는 모든 자가 아미나스를 바라보았다. 무리 전체가 야유를 보내는 소리 위로, 아미나스는 자기 가까이 있는 사람들이 욕하는 소리를 들을 수 있었다. 회의실에서 걸어 나올 때, 세라피온이 다른 사람들보다 목소리를 더 높여서 말하는 이야기가 들렸다.

"우리가 너무 오랫동안 참아 주었습니다. 신들을 향한 신앙심이 사라지면 결국 사람들 사이의 충성과 일치도 사라지고 모든 정의는 타락하게 될 겁니다. 우리는 에베소시에서 그와 같은 오염을 일소해야 하며…."

7. 그 이튿날

카이사로스 7일, 10월 초하루 3일 전(9월 29일)

여느 때와 같이

데메트리우스는 세 시가 되기 전에 장터 광장에 들어갔다. 프로코루스가 전한 선견자 요한의 메시지를 들은 후로 장사에 마음이 가지 않았고, 늑장 부리는 데서 그런 심정이 드러났다. 일꾼들이 가게를 열고 내륙의 공급자들에게 새 물품을 받아 모두 정리해 놓았을 것이다. 데메트리우스는 마음 깊이 스며든 이미지를 떨쳐 버릴 수가 없었다. 제국의 공급과 유통 사슬은 세상의 모든 자원을 그 중심에 기생하는 거대한 여왕에게 나르고 있는 개미 떼의 끝없는 줄에 불과했으며, 자기는 그 사슬의 작은 마디 하나에 불과했다.

거대한 남문을 지나 광장 남쪽 주랑 현관으로 걸어가는 데메트리우스의 눈에는 두 발로 걷는 개미 수백 마리가 멀리 있는 여왕을 위해 나뭇잎과 유충을 나르는 모습만 보였다. 데메트리우스는 가게에서 일하고 있는 디오도토스 곁을 지나쳤다. 디오도토스는 주문받은 새 모자이크를 만드느라 돌과 타일을 조심스레 조각조각 자르고 있었다. 모자이크에는 늘 기하학적 디자인이 들어가고 때로는 물고기나 새의 모습도 들어갔지만, 거짓 신들이나 그들의 위업 이야기를 주제로 하는 디자인은 하나도 없었다. 디오도토스는 자기 나름대로 기준이 있었고, 결코 그 선을 넘어서지 않았다. 데메트리우스는 순간 가슴이 아릴 정도로 그가 부러웠다.

이윽고 자기 가게에 도착한 데메트리우스는 사업이 전면점포 네 개를 차지할 정도로 확장됐다는 사실에 처음으로 자부심보다는 당혹감이 들었다. '아주 성공한 일개미로군.'

"안녕하십니까, 데메트리우스." 매장 관리인 클레온이 말했다.

"안녕하시오, 클레온."

"오늘 아침에 라오디게아와 히에라폴리스에서 제품이 더 많이 도착했고, 시간도 딱 맞았습니다. 이탈리아 중개인이 어제 오후에 주인님이 가신 후에 왔었는데, 막 밀레도에서 돌아왔더군요. 이 제품 중에서 어느 정도를 그에게 보낼지 주인님이 알려 주셨으면 해서 아직 아무것도 포장하지 않았습니다."

데메트리우스는 잠시 생각하더니 광장에 있는 사람들을 쓱 훑어보았다. 누군가를 보자마자 눈이 빛나더니, 그는 널따란 광장을 성큼성큼 걸어갔다.

"티몬!" 데메트리우스가 손을 동그랗게 모아서 입에 대고 큰 소리로 불렀다. 몇 걸음 앞으로 가서 다시 불렀다. 티몬이 자기 이름을 듣고서 데메트리우스에게 돌아서자, 데메트리우스가 자기네 가게로 건너오라고 손을 흔들었다. 티몬은 집게손가락을 들어 올려서, 지금 하고 있는 거래를 끝내자마자 가겠노라고 신호를 보냈다.

"클레온, 이 자루 두 개를 열어서 이 탁자에 물건을 펼쳐 놓읍시다."

데메트리우스와 클레온이 모직 옷 몇 벌을 진열 탁자에 정리해 놓고 있을 때, 티몬이 주랑 현관으로 들어왔다.

"어, 티몬." 데메트리우스가 말했다. "지금 막 내륙에서 화물 배송을 받았습니다. 콜로폰에 아직도 의류 수요가 있나요?"

"데메트리우스, 물론이오. 지난 주 이후로 물건을 하나도 못 구했소."

"얼마나 가져가면 좋겠습니까?"

"아마 스물네 벌 정도일 거요. 그런데 이탈리아 바이어는 어쩌고?"

"그 사람이 오기 전에 거래를 끝낼 수 있다면 좋겠지요."

"나는 그 사람처럼 한 벌에 여덟 데나리온을 맞춰 줄 수가 없소."

"티몬, 평소처럼 다섯 데나리온이면 충분합니다."

티몬은 판매할 물품을 구하느라 극심한 어려움을 겪고 있는 터였다.

"로마에는 아시아에 있는 모든 양모가 다 필요하지 않아요." 데메트리우스가 말했다. "콜로폰 사람들도 어느 정도 누릴 권리가 있고, 티몬도 먹고 살아야 하고."

티몬이 미소 짓고는 백이십 데나리온을 계산해 주더니, 양팔에 스물네 벌을 포개어 들고서 행복하게 떠나갔다.

"데메트리우스, 축하하네. 자네는 정오가 되기도 전에 칠십이 데나리온을 날렸군!"

데메트리우스가 돌아보니 제욱시스가 주랑 현관 기둥에 기대어 서 있었다.

"제욱시스, 안녕하세요. 지난주에 티몬이 가게 문을 닫아서 제 마음이 내내 안 좋았습니다. 이탈리아 상인이 자기네 구매자들에게 팔 수 있는 다른 물건은 아직도 많이 있고, 그 사람이 지불하는 가격으로 제가 우리 지역 사람들에게 공평하게 대할 수 있고요."

"이해하네, 데메트리우스. 관계 유지의 이익과 금전상 이익을 비교해 보아야 할 때가 있지. 그 사이에 리쿠스 골짜기 양 떼가 바쁘게 더 많은 풀을 양모로 바꾸고 있을 테니."

데메트리우스가 잠시 제욱시스를 쳐다보았다.

"어르신은 유대인으로서, 로마의 이익을 위해 일하는 것과 어떻게 타협하실 수 있죠? 로마가 유대인들의 피를 그렇게 많이 흘렸는데."

"자선 사업가와 철학자가 같은 날 아침에 일제히 납셨군!"

제욱시스가 웃음을 터트리더니 잠시 깊이 생각했다. "데메트리우스, 나는 이방 세계에 흩어져서 살아남는 법을 배워야 했던 유대인 첫 세대가 아닐세. 예레미야가 거의 6세기 전에 우리 민족에게 가르친 교훈이 내게는 적절한 조언으로 보이네. '너희는 집을 짓고 거기에 살며 텃밭을 만들고 그 열매를 먹으라. 아내를 맞이하여 자녀를 낳아서 거기에서 번성하고 줄어들지 아니하게 하라.'"

말을 계속하면서 제욱시스가 좀 진지해졌다.

"나는 향은 취급하지 않고, 또 그 외에 이방인들의 우상 숭배에 쓰일 수도 있는 물자도 팔지 않는다네.[1] 나는 노예를 운송

---

1 *'Abodah Zar*. 1,13b, 14b를 보라. 테르툴리아누스도 기독교 상인들에게 그렇게 충고했다. (*Idol*. 11; J. Nelson Kraybill, *Imperial Cult and Commerce in John's*

하는 일이나 사람을 파는 데서 이익을 얻는 일은 거부하지. 중개인이나 구매자들은 노예는 단순히 '몸뚱이'라고 말하기 좋아하지만, 그렇지 않다네. 나는 로마의 만족할 줄 모르는 갈망을 이용해서 내 가족을 먹여 살리고, 어떤 면에서는 내게 의존하게 된 많은 이들에게 안정을 제공하지."

데메트리우스는 고개를 끄덕여서 그의 설명을 인정한다는 신호를 보냈다. 제욱시스가 더 가까이 몸을 숙였다.

"하나님이 로마의 범죄를 기억하실 날이 정말로 올 걸세." 제욱시스가 사람 좋은 웃음을 터트리며 덧붙였다. "하지만 그 날까지 로마는 큰 개로 살아남아서 벼룩들이 그 위에서 피를 빨고 살찌울 수 있을 걸세. 그렇지 않겠나? 우리 벼룩들은 그 동안 서로 도와야 하고, 그 개를 가장 유리하게 이용해야 하네. 아닌가?"

"제욱시스, 정말 그렇습니다. 정말 그래요." 데메트리우스가 인정했다. "저는 우리가 이 커다랗고 아주 게걸스러운 개한테 먹이를 대주면서 불의를 조장하는 건 아닌지 근래에 걱정하게 되었습니다. 예를 들어서, 계피 무역에 대한 어르신의 계획이 타프로바네(Taprobane)섬 사람들에게 무슨 영향이 있을지 생각

Apocalypse [Sheffield: Sheffield Academic, 1996], 191을 보라.)

해 보셨습니까?"

"그들의 계피 중개인을 부유하게 해 주는 것 말고?"

"그렇습니다. 계피를 생산하는 사람들이 정작 그 계피를 가질 수 없다는 문제 말입니다."

"데메트리우스, 문자 그대로 계피는 그곳 나무에서 자란다네. 그리고 수익 때문에 계피를 모조리 로마로 수출해 버린다고 해도, 계피가 없어서 누군가 죽어 가고 있다는 말은 들어 본 적이 없어. 또 그렇게 하면 거기 사람들은 삶을 유지하는 데 정말로 필요한 물건을 사기가 한결 쉬워지지."

제욱시스는 좀 더 가까이 숙이고는 목소리를 낮추었다.

"그리고 우리 무역에서 나오는 수익이 자네 집에 모이는 사람들을 돌보는 데 도움이 될 걸세." 제욱시스는 젊은 친구의 어깨를 툭툭 쳤다. "레비아탄호는 동계 정박지에 닻을 내리고 머무르고 있고, 나는 히에라폴리스에 있는 집으로 돌아가서 아내 옆에서 잠도 자고, 뭇사람인 아들들을 보고 싶은 마음이 굴뚝같아. 데메트리우스, 거기에 한 번 오게나. 이야기를 더 나누세."

서로 포옹을 하고 나서 제욱시스는 떠났다.

이탈리아 상인이 도착하기를 기다리면서 데메트리우스는 티몬이 구매하지 않은 옷가지를 배송받은 큰 캔버스 자루에 넣기 시작했다. 그 일을 하면서 데메트리우스의 생각은 동업에 대한 제욱시스의 상상과 이틀 전 밤에 자기가 말씀에서 들은 환상 사이를 오갔다. 큰 음녀와 노닥거리면서 그 음녀에게 빨려 들어가거나 더럽혀지지 않기가 가능하겠는가? 엄청나게 많은 재물을 얻을 수만 있다면, 동료 그리스도인들이 신앙 때문에 곤궁에 처했을 때 먹여 살릴 수 있을지도 모른다. 하지만 그 재산과 모든 것이 그것에 닿는 이들을 모조리 더럽히지 않겠는가? 데메트리우스가 한 가지는 확실하게 알았다. 계피에 대해서, 또 계피 무역이 멀리 떨어진 타프로바네 사람들을 위해 또는 그 사람들에게 무슨 일을 행하게 될지 더 알아야 자기가 결정을 내릴 수 있다는 사실이었다.

아고라노모스인 헤르모티무스가 자기가 '보안 팀'이라고 부르는 폭력배 넷을 대동하고서 남쪽 스토아를 헤치고 디오도토스의 가판대로 가는 바람에 데메트리우스는 깊은 생각에서 빠져 나왔다.

"이 자리에 있는 모든 고결하고 덕 있는 사람들에게 알리노라." 헤르모티무스가 소리쳤다. "디오도토스가 계약을 위반했으며 더 많은 수수료를 흥정하려고 제품 인도를 지체했다는 고소가 제기되었소. 나는 이 시장에 자주 오는 사람들을 보호하는 일을 맡았으므로 이런 사람이 이곳에서 계속 영업하게 놔둘 수 없소. 디오도토스, 이로써 그대의 임대 계약이 파기되었소. 이

달 10일에 점포에 남아 있는 것은 모조리 압류할 것이오."

"나를 고소한 자가 누구요?" 디오도토스가 어안이 벙벙해서 소리쳤다. "증거가 어딨소?"

"그대한테는 법정에서 고소인을 대면하고 소송을 제기할 모든 권리가 있소." 헤르모티무스가 인정했다. "신들이나 정의의 여신이 그대 같은 무신론자에게 미소 짓지는 않겠지만."

디오도토스는 그 말에 담긴 뜻을 대번에 이해했다.

아고라노모스가 계속 말했다. "그뿐만 아니라, 이로써 디오도토스는 모자이크 제작자와 실내 장식 예술가 조합에서 제명되었소."

디오도토스가 막 이의를 제기하려고 할 때 헤르모티무스가 손짓으로 말을 막았다.

"놀란 척하지 마시오. 그대가 조합 행사 대부분에 참석하지 않았다거나 신들과 황제에게 바치는 경건한 제의가 끝난 후에야 나타났다는 사실을 감안하면, 이미 오래전에 조치했어야 하는 일이니."

헤르모티무스가 디오도토스에게 더 가까이 몸을 숙이고는 충고했다.

"그냥 떠나서 다른 곳에서 새 출발 하는 게 나을 걸세."

헤르모티무스가 신호를 보내자, 폭력배 하나가 나무망치와 끝을 준비하고 있다가 광장을 가로질러 서쪽 주랑 현관으로 걸어갔다. 그 현관 벽에는 도시의 다양한 상업 조합의 회원 명단이 새겨져 있었다.

헤르모티무스와 나머지 패거리가 이층 사무실로 돌아갔다. 데메트리우스가 디오도토스를 잠시 쳐다보다가 그의 가판대로 걸어갔다.

"'괴수의 표가 없는 사람은 아무도 사거나 팔 수 없도록…' 아니면 그와 비슷한 내용이었어요."

디오도토스가 고개를 끄덕이며, 요한의 메시지에 있는 경고를 떠올렸다.

"내가 조금이라도 도움이 될 수 있다면, 나를 만나러 오세요." 데메트리우스가 제안했다. "히에라폴리스와 그 인근 도시에 괜찮은 인맥이 있으니까요."

디오도토스는 아직도 어안이 벙벙해서 재차 고개를 끄덕일 뿐이었다.

데메트리우스가 돌아서서 자기 가게로 몇 걸음 갔을 때쯤 디오도토스의 목소리가 들렸다.

"누구든 그 괴수와 그 형상을 숭배하고 괴수의 표를 받는다면, 하나님의 진노의 포도주도 마실 테고, 거룩한 천사들과 어린양 앞에서 불과 유황으로 괴로움을 받을 거예요."

데메트리우스가 다시 돌아서서 디오도토스를 바라보았다.

"디오도토스, 정말로 그럴 겁니다. 그래서 이곳에 우리의 등불을 계속 켜 놓을 수 있다면, 우리는 헤르모티무스라도 그와 같은 결말에 이르지 않도록 기도해야 합니다."

훼손된 친절

아민타스는 타블리눔에 있는 책상에 앉아서, 프로코루스가 요한의 메시지를 필사해 준 파피루스 묶음을 응시하고 있었다. 전날 오후 이후로 집 밖에 나가지 않았고, 오늘도 감히 나갈 생각이 없었다. 세쿤두스를 김나지움 수업에 보내지 않고 집에 있게 한 것은 그가 분명하게 결심한 일이었다. 타운하우스 문을 닫아 두고 가족을 데리고 농장에 가서 몇 주를 보낼 것을 고려하고 있었다.

바깥문을 손바닥으로 치는 소리에 정신이 들었다. 아민타스는 일어서서 안마당을 가로질렀다.

"누구시오?"

"주인 나리, 저예요. 메네스."

"혼자인가?"

"네, 주인 나리."

아민타스가 문을 열었다.

"시장에서 이렇게 금방 돌아왔는가?"

"아니오, 주인 나리. 제 … 제 생각에 주인 나리가 보셔야 하는 게 있습니다."

결국은 나가 보아야 한다고 생각하니 한숨이 나왔다. "크리산테?" 아민타스가 불렀다.

아내가 안마당이 내려다보이는 이층 방 창문에서 나타났다.

"내려와서 뒤에서 문빗장을 질러 줘요. 메네스와 함께 가 봐야 하겠소."

크리산테가 고개를 끄덕였다.

"하나님이 두 분을 지켜 주시길." 아내는 이렇게 말하면서 창문에서 사라지더니 안뜰 옆 계단으로 갔다.

메네스가 뒤에 있는 문을 잡아당겨 닫아서 걸쇠로 걸고는, 아민타스를 데리고 타운하우스에서 엠볼로스로 이어지는 좁은 계단으로 내려갔다. 두 사람은 카르도를 따라서 극장을 향했다.

오가는 보행자들은 대체로 두 사람을 모르는 체했고, 그 사실이 아민타스에게는 일종의 위안이 되었다. 이따금 지나가는 사람의 표정에서 자신의 불명예를 비난하는 것을 보았을 뿐이다.

아민타스는 메네스에게 이끌려 자기가 복구하고 있던 우물 쪽으로 가게 되자, 무슨 일이 일어나고 있는지 짐작이 가기 시

사진 7.1. 헬레니즘 시대 우물. 하버 거리 맨 위에 있다.

작했고, 우물이 시야에 들어오자 예감이 맞았다는 것이 확실해졌다. 밤사이 누군가 우물 정면을 묵직한 나무망치로 내리쳤다. 낮은 아키트레이브를 따라 만든 장식은 수리할 때 비용을 제일 많이 들인 부분이었는데, 조각조각 나서 우물 앞에 흩어져 있었다. 아민타스는 아키트레이브에 가로로 새긴 봉헌 비문을 훑어보았다. 아민타스의 이름이 있던 부분이 깨져 있었다. 이름이 있던 공간에 누군가 공들여서 "신들을 증오하는 자"라고 새겨 놓았다.

아민타스가 우물집을 자세히 들여다보자 시뻘건 물감으로 칠해 놓은 단어가 보였다. '배은망덕한.' 아민타스는 이 단어가 자기를 향한 비난임을 알았으나, 이 단어는 공공기물 파괴자들이 자기네가 유죄임을 스스로 말한 것이라는 생각도 들었다. 이 말은 자신의 도시를 아름답게 하려는 아민타스의 바람을 그들이 전적으로 거부한다는 뜻이니까.

'아니지.' 아민타스가 생각을 바로잡았다. '이제는 내 도시가 아니지.'

아민타스가 우물에서 돌아서서 하버 거리를 바라보니, 수백 명이 오르내리고 있었으며 많은 이들이 화물이나 그 밖의 것들을 끌고 가고 있었다. 거리 끝에 있는 항구와 그 너머 로마를 바라보았다. 서쪽 하늘 위로 한 분 하나님과 어린양이 하늘의 무수한 천사들에게 경배받으시는 광대한 장면을 다시 상상했다. 어제의 결정과 관련해서 앞으로 따라올 결과에 대한 극심한 공포가 느껴지는 동시에, 이제 자기가 그곳 시민임을 선언한 왕국을 향한 간절한 열망에 처음으로 휩싸이는 기분이 들었다. 깊은 곳에서 기도가 솟아나와 부지불식중에 입으로 새어 나왔다.

"주 예수여, 오시옵소서."

더 읽을거리

deSilva, David. *AR271: The Seven Cities of Revelation*. Logos Mobile Education. Bellingham, WA: Lexham, 2018.

―――. *Seeing Things John's Way: The Rhetoric of the Book of Revelation*. Louisville, KY: Westminster John Knox, 2009.

―――. *Unholy Allegiances: Heeding Revelation's Warning*. Peabody, MA: Hendrickson, 2013.

Fairchild, Mark. *Christian Origins in Ephesus and Asia Minor*. Peabody, MA: Hendrickson, 2017.

Friesen, Steven. *Imperial Cults and the Apocalypse of John: Reading Revelation in the Ruins*. Oxford: Oxford University Press, 2001.

―――. *Twice Neokoros: Ephesus, Asia and the Cult of the Flavian Imperial Family*. Leiden, Netherlands: Brill, 1993.

Koester, Craig. Revelation: *A New Translation with Introduction and Commentary*. Anchor Yale Bible 38A. New Haven, CT: Yale University Press, 2014.

Koester, Helmut, ed. *Ephesos: Metropolis of Asia*. Harvard Theological Studies 41. Valley Forge, PA: Trinity Press International, 1995.

Kraybill, J. Nelson. *Apocalypse and Allegiance: Worship, Politics, and Devotion in the Book of Revelation.* Grand Rapids: Brazos, 2010.

———. *Imperial Cult and Commerce in John's Apocalypse.* Sheffield, England: Sheffield Academic, 1996.

Murphy O'Connor, Jerome. *St. Paul's Ephesus: Texts and Archaeology.* Collegeville, MN: Michael Glazier, 2008.

Price, S. R. F. *Rituals and Power: The Roman Imperial Cult in Asia Minor.* Cambridge: Cambridge University Press, 1984.

Scherrer, Peter. *Ephesus: The New Guide.* Istanbul: Ege Yayınları, 2000.

Trebilco, Paul. *The Early Christians in Ephesus from Paul to Ignatius.* Grand Rapids: Eerdmans, 2007.

이레서원 출간 도서

『공동서신의 신학: '세상 속의 교회', 그 위기와 해법』
채영삼, 152*223, 800쪽
저자는 사회 속에서 도전에 직면한 교회의 본분과 사명이라는 주제가 바로 공동서신 전체를 아우를 수 있는 중요한 주제라고 보고, 현재 세속화의 강력한 도전에 직면해 있는 한국 교회에 공동서신이 매우 적실한 성경이라고 주장한다.

『신적 성품과 거짓 가르침: 베드로후서의 이해』
채영삼, 152*223, 544쪽
"이 책은 세상 친화적인 한국 교회를 향해, 베드로의 유언과도 같은 교훈을 생생하게 들려준다. 저자의 능숙한 본문 해설과 뜨거운 열정을 통해 베드로는 살아 있는 음성이 된다. 그 음성은 다름 아닌 하나님 그분의 음성이다. 이 책을 집어 들고, 거짓 교사들과 종교 장사꾼들을 준엄하게 꾸짖으시며 세상에 취한 교회를 향해 간곡히 호소하시는 하나님의 음성에 귀를 기울이라."(길성남 교수, 고려신학대학원)

『히브리서 산책: 성취와 기다림』 최승락, 140*200, 224쪽
히브리서가 가르치는 그리스도인의 삶의 방식은 기다림이다. 히브리서에서 기다림은 여러 가지 다른 방식으로 표현된다. 이 과정에서 창조적으로 변형되어 인용된 구약 구절들이 매우 중요한 역할을 한다. 저자는 '성취와 기다림'이라는 관점에서 수많은 구약 인용이 어떤 역할을 하는지에 대해 신학적 통찰을 풀어놓는다.

『다시 읽는 창세기』 민경구, 152*223, 312쪽
성서 신학은 19세기 이후에 비약적으로 발전했다. 고대 근동 지역에 대한 탐험은 고고학의 발전을 이루었고, 고고학 발굴의 결과는 성서의 시대와 배경을 이해하는 데 중요한 밑거름이 되었다. 본서는 그동안의 연구 결과를 토대로 독자가 창세기를 더 풍성하고 새롭게 이해하도록 안내한다.

『골로새서 · 빌레몬서』(한국성경주석 12) 길성남, 152*225, 464쪽
"한국성경주석 시리즈"는 성경 본문을 역사 상황과 문맥에 맞게 해석하되, 이 시대의 한국 교회에 적실한 교훈을 제시하고, 주해의 결과를 현장에서 어떻게 적용할 것인지를 안내한다. 저자의 한글 사역, 문맥을 중심으로 한 주해, 신학적이고 실천적 적용을 위한 〈메시지와 적용〉을 제공함으로써, 독자의 갈증을 해소해 준다.

『하나님 중심의 성경 해석학』 번 S. 포이트레스, 152*225, 352쪽
성경 해석의 기본 구조는 삼위일체 하나님의 상호 내재 관계로부터 도출된다. 저자는 성경을 이해하기 위한 방식으로 영적인 역동성과 건전한 언어학 원리를 강조하고, 성경 해석학을 잘못된 방향으로 이끌고 있는 이 시대의 우상을 폭로한다.

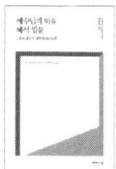
『예수님의 비유 해석 입문: 배경, 해석사, 해석 원리와 실제』 로버트 스타인, 150*220, 280쪽
예수님의 비유에 대한 완벽한 입문서이다. 비유의 정의, 목적, 배경을 설명하고, 초기 교회 교부들로부터 중세 시대와 종교개혁 시기를 거쳐 최근 편집비평 논의에 이르기까지 비유 해석사를 핵심적으로 정리하고, 각 방법론의 의의와 한계를 설명한다.

『마크 존스의 선행과 상급』 마크 존스, 130*200, 248쪽
인간이 하는 일이 하나님께 상을 받을 만한 가치가 있는가? 상급 교리를 악용해서 성도에게 지나친 헌신을 요구하지는 않는가? 이 책은 성경에 근거해서 선행과 상급 교리의 올바른 의미와 가치를 논증해 보인다. 선행과 상급에 대한 이야기를 꺼리는 이들은 편견 없이 이 책을 읽어 볼 필요가 있다.

『마크 존스의 예수 그리스도』 마크 존스, 130*200, 120쪽
예수 그리스도는 진실로 하나님이시며, 인간의 몸과 영혼을 지닌 완전한 인간이셨다. 하나님이시기에 인간의 죄의 빚을 갚을 수 있었고, 인간이시기에 인간 대신 죄의 짐을 질 수 있었다. 이 책은 예수 그리스도의 위격 안에서 신성과 인성이 어떻게 연관되는지, 그 사실이 우리의 구원과 삶에 어떤 의미가 있는지를 설명한다.

『삼위일체: 신약신학·실천신학적 연구』
리처드 보컴 외, 152*225, 400쪽
삼위일체 교리를 그리스도인의 삶에 있어서 '취해도 되고 버려도 되는 교리' 정도로 치부하는 사람들이 있다. 그러나 역사적으로 교회는 삼위일체 교리를 실제 삶에 적절성을 지닌 것으로 이해해 왔다. 이 책은 삼위일체 교리가 계시되어 있는 성경 본문을 충실히 주해하면서, 이 교리를 기도, 예배, 설교, 그리스도인의 삶에 어떻게 적용할 것인지를 제안한다.

『구약의 그리스도, 어떻게 설교할 것인가』
시드니 그레이다누스, 152*223, 536쪽
설교학의 대가인 그레이다누스는 구약을 본문으로 삼아 그리스도를 설교할 수 있도록 '그리스도 중심적 설교 방법'을 제시한다. 또한 구속사적 진전, 모형론 등 여러 방법론을 이용해 구약과 그리스도의 관계를 심층적으로 해석하는 방법을 설명한다.

『아들을 경배함: 초창기 기독교 예배 의식 속의 예수』
래리 허타도, 140*200, 168쪽
래리 허타도의 방대한 초기 기독론 연구의 핵심을 다룬 책이다. 저자는 초기 기독교 기원과 신약 기독론에 대한 연구를 바탕으로, 유대인의 예배 방식과 로마 시대의 여러 종교 제사 방식을 비교함으로써 초기 기독교 예배의 특징과 그 의미를 논증해 나간다.

『예배학 지도 그리기: 목회자와 예배 사역자를 위한 예배 기획 지침서』 문화랑, 150*220, 248쪽
예배에 대한 역사적 반성과 신학적 고찰을 제시하는 책이다. 예전 활동이 성도들의 신앙 형성에 어떠한 영향을 미치고, 어떻게 행동을 변화시키는지, 공동체의 정체성을 어떻게 형성하는지를 설명한다. 아울러 예배의 각 요소와 배열이 가진 역사적, 신학적, 성경적 의미를 설명하고, 예배 기획에 필요한 조언을 준다.

『영적 전쟁: 바울 서신으로 본 사탄과 악한 영들』
클린턴 E. 아놀드, 152*225, 320쪽
클린턴 아놀드는 신약학자로서 '사탄과 악한 영의 권세'라는 주제에 관한 바울 서신의 가르침을 세심하게 주해한다. 바울 서신의 맥락을 이해하기 위해서, 예수님의 사역과 가르침, 구약 성경과 유대교(외경과 사해문서), 그리스-로마와 고대 동방의 종교, 1세기 마술과 마법과 점술까지 두루 고찰한다.

『바울에 관한 새로운 탐구: 샌더스, 던, 라이트, 바클레이 비평적 읽기』 티모 라토, 124*182, 120쪽
신약학계에서 '바울에 관한 새 관점'은 중요한 주제다. 바울과 유대교 전문가인 티모 라토는 샌더스가 시작하고 던과 라이트가 발전시킨 바울 연구의 전환점을 분석하고, 바클레이의 은혜 신학을 논한 후에, 바울에 관한 연구가 나아가야 할 방향을 모색한다.

『기독교 교파 한눈에 보기』 전희준, 140*200, 144쪽
우리 교회가 속한 교파의 탄생 배경과 교리적 특징을 알면, 그 전통을 더 잘 이해할 수 있고 다른 교파의 전통도 존중할 수 있다. 자신의 신앙을 더 잘 이해하고 풍성한 복음의 유익도 얻을 수 있다. 이 책에서는 복잡한 기독교 역사와 각 교파의 형성과 분열의 역사 및 신학적 논점을 일목요연하게 정리한다.

『청년 설교: 청년 예배, 설교, 사역 노하우』
김상권, 150*220, 312쪽
저자는 이십 년 가까이 청년 사역을 한 경험을 바탕으로, 청년 사역의 올바른 방향을 제시하고 청년 예배의 중심인 설교를 어떻게 준비해야 하는지를 나눈다. 또한 청년부 사역자들이 목회 현장에서 제기하는 문제에 대해 본질적이고도 실질적인 해답을 제시한다.

『강요된 청빈: 목회자의 경제 현실과 공동체적 극복 방안』
정재영, 140*200, 160쪽
약 5만 개로 추정되는 우리나라 소형 교회의 목회자들이 경제적으로 어렵다는 것은 여러 통계 자료로 확인할 수 있다. 목회자 빈곤은 한국 교회 쇠퇴, 교회 이기주의와 양극화, 목회자 수급 불균형, 교회와 목회자에 대한 사회의 불신 등 한국 교회의 구조적인 문제와 관련이 있다. 그래서 저자의 관심은 한국 교회의 공공회성 회복이라는 주제로 확장된다.

『엑설런트 프리칭: 성경과 오늘의 세계를 잇는 설교』
크레이그 바르톨로뮤, 130*200, 136쪽
어떤 설교자는 성경에 근거해서 설교하지만 그 메시지를 상황에 잘 적용하지 못해 청중의 호응을 얻지 못한다. 어떤 설교자는 상황화에는 뛰어나지만 그 메시지가 항상 성경적인 것만은 아니어서 청중을 변화시킬 능력이 없다. 저자는 이 두 가지 함정을 피하고, 성경적 근거와 적실한 적용 사이에 다리를 놓고자 한다.

『마르바 던의 위로』 마르바 던, 140*200, 336쪽
우리 시대의 대표적인 영성신학자인 마르바 던은 유수한 신학교에서 강의하고 전 세계를 다니며 강연을 하고 수많은 책을 썼지만, 그와 같은 활동을 하기에는 버거운 육신의 고통을 안고 있다. 만성 질환과 장애와 버림받음의 고통 속에서 겪은 신앙 갈등을 고백하고, 자신이 받은 하나님의 위로를 다른 이들에게도 전하는 책이다.

■ 〈믿음의 재발견〉 시리즈 (책임 편집자: 마이클 리브스)

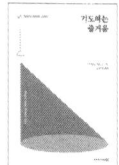
『기도하는 즐거움』 마이클 리브스, 124*182, 88쪽
기도는 삼위 하나님의 사랑의 교제에 참여하는 즐겁고 복된 일이다. '기도'에 대한 수많은 책이 있지만, 이 주제를 새로운 관점과 깊이 있는 신학과 아름다운 문체로 이야기할 수 있는 방법이 여전히 남아 있음을 보여 주는 책이다.

『두려움 없는 전도』 폴 윌리엄스, 124*182, 136쪽
막상 복음을 전하려고 하면 막막하다. 어떤 말로 시작해야 할지, 어떻게 대답해야 할지 몰라서 두렵기도 하다. 이 책에서는 성경과 저자 자신의 경험에 비추어, 그 두려움을 극복할 수 있는 실제적인 방법을 알려 준다.

『변하지 않는 말씀: 성경의 선함과 유익, 그리고 모순과 난제』
앤드루 윌슨, 124*182, 120쪽
이 책은 성경에 관한 책이고, 예수님을 출발점으로 삼는다. 저자는 성경의 일관성(정합성), 권위, 영감, 중심(그리스도), 정경, 성취, 명확성, 충분성 등을 뛰어난 문체로 설명한다. 이는 성경을 하나님의 말씀이라고 정의할 때 사람들이 가질 수 있는 의문과 반대 의견을 다루기 위한 틀이 되기도 한다.

『담대한 믿음: 모든 상황에서 예수님을 신뢰하는 법』
조너선 스티븐, 124*182, 72쪽
두려움을 해결하는 방법은 예수님이 어떤 분인지를 알고 그분을 온전히 믿는 것이다. 이 책은 마태복음 8장에서 예수님이 폭풍을 잠잠하게 하신 사건을 극적으로 재현하고, 마태복음 17장에서 예수님이 말씀하신 '겨자씨 믿음'을 설명하면서, 우리가 예수님의 제자로서 담대한 믿음을 가질 수 있도록 안내한다.